Micha

Pilgerfah

HERDER spektrum

Band 5542

Das Buch

Mekka – heiliger Ort der Muslime. Jedes Jahr ist die dortige Ka'aba, das „Haus Gottes", Ziel für Millionen Gläubige. Nicht-Muslime haben keinen Zutritt zum heiligen Bezirk.

Was geschieht dort zur Zeit des Hadsch, der Pilgerfahrt, zu der sich jeder Muslim, sofern er dazu in der Lage ist, einmal im Leben aufmachen sollte? Michaela Özelsel, Psychotherapeutin und Sozialwissenschaftlerin deutscher Herkunft sowie Muslima, hat eine zweiwöchige Pilgerreise nach Mekka unternommen. Sie schildert ihre Erlebnisse: die Unsicherheit und Anspannung, aber auch die Vorfreude vor Beginn des Hadsch und die Verwandlung, die diese Reise mit sich bringt. Rein äußerlich beginnt sie mit dem Anlegen der weißen Pilgerkleidung; als „Reise ins Herz" reicht sie bis hin zu tiefen religiösen Erfahrungen: betend und meditierend gemeinsam mit unzähligen anderen Menschen hat Michaela Özelsel im Vollzug der heiligen Rituale das Gefühl, „angekommen" zu sein: bei sich selbst und beim Erleben einer besonderen spirituellen Erfülltheit – trotz oder gerade wegen der schwierigen äußeren Gegebenheiten: der ständigen Gefahr, im Gedränge tausender Menschen verletzt oder gar zu Tode getrampelt zu werden, der kaum erträglichen Hitze und der Schlaflosigkeit. Die Reise wird zum Sinnbild der Unvorhersehbarkeit des Lebens. Sich selbst und die eigenen Wünsche und Bedürfnisse loslassen, sich dem überlassen, was kommen mag – das schafft Raum für ein unerwartetes Berührt-Werden und wundersame Erfahrungen, die sich nicht erzwingen lassen. Diese neue Gelassenheit nimmt die Autorin mit zurück in ihren Alltag, wohlwissend, dass ihre spirituelle Reise mit der Landung in Frankfurt nicht zu Ende ist.

Der faszinierende Bericht einer Pilgerfahrt im Geiste einer Kultur, die uns nah und doch fremd ist … und einer Reise ins eigene Innere jenseits der Grenzen religiöser Tradition.

Die Autorin

Michaela Mihriban Özelsel, Dr. phil., geboren 1949 in Kiel, wuchs weitgehend in der Türkei auf, studierte Psychologie in Deutschland und den USA. Internationale Tätigkeit als Lehrbeauftragte für transkulturelle Therapiemethoden an der University of Maryland sowie Tätigkeit in eigener psychotherapeutischer Praxis. Michaela Özelsel lebt in der Nähe von Düsseldorf.

Michaela M. Özelsel

Pilgerfahrt nach Mekka

Meine Reise
in eine geheimnisvolle Welt

HERDER

FREIBURG · BASEL · WIEN

Gedruckt auf umweltfreundlichem,
chlorfrei gebleichtem Papier

Originalausgabe

www.herder.de
Satz: Dtp-Satzservice Peter Huber, Freiburg
Herstellung: fgb · freiburger graphische betriebe 2005
www.fgb.de
Umschlaggestaltung und Konzeption:
R·M·E München / Roland Eschlbeck, Liana Tuchel
Umschlagmotiv: © dpa
Foto der Autorin: Ibrahim Usta
ISBN 3-451-05542-2

Meinen Eltern und meinem Bruder –
meinen Reisegefährten auf dem Weg des Lebens
in Liebe

Inhalt

Vorwort

„Du kannst nicht dem den Weg weisen, den du liebst; Allah aber weist den Weg, wem Er will; und Er kennt am besten jene, die die Führung annehmen."

SURAH 28/57

Das vorliegende Buch gewährt Einblicke in die dem Westen fast gänzlich verborgene, geheimnisvolle Welt der sakralen Riten des Hadsch, der Pilgerfahrt nach Mekka. Also eine Reise in das innere und äußere Herz des Islam, gesehen durch die Augen einer Frau. Es ist ein Erfahrungsbericht, der in großer Offenheit Einblicke gibt in einen Prozess spiritueller Bewusstwerdung. Ein uralter Prozess, der in seiner überzeitlichen Gültigkeit „farblos" und universell ist wie der reinste Diamant, wie es im Sufitum heißt, und dadurch in jeder seiner Facetten ein einmaliges Aufleuchten der Palette aller Farben aufzeigt – in jedem Einzelfall so einmalig wie der Mensch, der ihn durchläuft. Die Facette, die in diesem Buch aufscheint – meine – ist die einer Frau an der Schwelle des 21. Jahrhunderts.

Meine ganz persönliche Beziehung zum Islam begann, als ich 13 Jahre alt war. Mein Vater, der Arzt ist, wurde von der deutschen Regierung in die Türkei versetzt, um dort die Vorsorgeuntersuchungen für diejenigen zu gewährleisten, die als „Gastarbeiter" nach Deutschland kommen sollten. So zogen wir im Jahre 1964 nach Istanbul – meine

Eltern, mein Bruder und ich. Schon als Kind hatte ich großes Interesse daran, wie Menschen in anderen Gegenden der Welt lebten. Vielleicht ein Erbteil meines Vaters, der folgerichtig Wert darauf legte, dass wir nicht, wie in den 60er-Jahren üblich, in einem der Istanbuler „Ausländer-Ghettos" lebten, sondern mitten unter Türken. Wir unternahmen weite Reisen durch Anatolien, bei denen mein Vater seinen archäologischen Interessen nachging und ich das archaisch anmutende Frauenleben in einer Kultur der Geschlechtertrennung kennen lernte – auch von seinen schönen Seiten. Schon eine Woche nach meinem Abiturabschluss war ich verheiratet mit Mehmet, meinem ersten Ehemann. Damit er seine Promotion fertig stellen konnte, zogen wir in die USA, nach Louisiana, wo unser erster Sohn Timur zur Welt kam. Nach vier Jahren Amerika ging es zurück nach Europa, nach Deutschland, wo die Zwillinge Cengiz und Amina geboren wurden. Weil der Beruf meines Mannes häufige Versetzungen mit sich brachte, zogen wir schon einige Jahre später zurück in die USA, nach North Carolina. Ich studierte dort Psychologie, machte mein Diplom und arbeitete anschließend in einer Klinik – bis mein Mann erneut zurück nach Deutschland versetzt wurde. Schon bei unserem ersten längeren Deutschlandaufenthalt als türkisch-deutsche Familie hatten wir es nicht einfach gehabt – dieses Mal war es noch schwieriger. Ich hatte einen Halbtagsjob und promovierte gleichzeitig über psychosomatische Störungen von „Gastarbeitern" – ein Thema, mit dem es bei mir ja von Jugend an Berührungspunkte gab. Meine „offizielle" Konversion zum Islam, über die an späterer Stelle in diesem Buch berichtet wird, fiel ebenfalls in diese Zeit.

1990 ließen mein Mann und ich uns einvernehmlich scheiden. Im Frühjahr 1991 wurde ich in Istanbul in mein erstes „halvet“ eingesiegelt[1]; Ende 1992 absolvierte ich zum zweiten Mal diese strenge, 40 Tage dauernde Zeit des Fastens und Meditierens in absoluter Abgeschiedenheit.

Die Pilgerfahrt nach Mekka ist ein weiterer – großer – Schritt auf meinem spirituellen Weg. Auf diesem Pfad gibt es die nicht enden wollenden Bemühungen, Prüfungen und auch Fallen. Es gibt Verzweiflung, Schmerz, Resignation, Zweifel, aber auch inneren Frieden, Glückseligkeit, Gewissheit. Es gibt „Wunder“ und Synchronizitäten.

Der größte Teil der Arbeit an diesem Manuskript erfolgte zu einer Zeit nach dem 11. September 2001 und vor einer Entscheidung bezüglich eines Kriegs gegen den Irak. Einer Zeit, in der, wenn das Wort „Islam“ in den Schlagzeilen der Zeitungen erscheint, meist von Terror die Rede ist. Möge dieser Bericht etwas beitragen zu Liebe und Verständnis der Menschen untereinander.

Michaela Özelsel

Von der Liebe

[...]
Wenn dich die Liebe ruft, so folge ihr,
auch wenn ihre Wege schwer und steil sind.
Und wenn ihre Flügel dich umfassen,
gib ihr nach, auch wenn das Schwert
in ihrem Gefieder versteckt
dich verwunden kann.
[...]
So wie die Liebe dich krönt,
so kann sie dich auch kreuzigen.
[...]
Und dann übergibt sie dich dem heiligen Feuer,
damit du heiliges Brot
für Gottes heiliges Mahl wirst.
[...]
Aber wenn du in deiner Angst
nur nach dem Frieden
und der Lust der Liebe suchst,
dann ist es besser
deine Nacktheit zu bedenken
und den Dreschboden zu verlassen,
[...]
Und denke nicht,
dass du die Liebe bestimmen kannst,
weil die Liebe – wenn sie dich würdig schätzt –,
dich bestimmen wird.

Die Liebe hat keinen anderen Wunsch,
als sich selbst zu erfüllen.
Aber wenn du liebst und Wünsche hast,
dann lass dies deine Wünsche sein:
[...]
den Schmerz von zu viel Zartheit zu kennen;
verwundet zu werden
von deinem eigenen Verständnis der Liebe;
freiwillig und freudig zu bluten.

KHALIL GIBRAN[2]

Nach Mekka?

„Und verkünde den Menschen die Pilgerfahrt: Sie werden zu dir kommen zu Fuß und auf jedem hageren Kamel, auf allen fernen Wegen."

SURAH 22/27

„Betrachte es als Segen, dass du auf dem Weg der Liebe Verluste erlitten hast: Lass die sekundäre Liebe beiseite, das Ziel ist Gottesliebe. Der Krieger gibt seinem Sohn ein hölzernes Schwert, auf dass er lernen und ein echtes Schwert in die Schlacht tragen möge. Liebe für ein menschliches Wesen ist ein hölzernes Schwert – wenn der Weg zu Ende geht, wird das Objekt der Liebe der Allbarmherzige sein."

HZ. MEVLANA (CHITTICK, 1983, S. 206)

Ich liege im Staub, an einem Straßenrand in Saudi-Arabien. Mein dehydrierter Körper wird vom Fieber geschüttelt. Durch die dünne Strohmatte spüre ich die scharfkantigen Steinchen des Wüstenbodens, der heute Nacht mein Lager ist. Knapp einen Meter weiter zieht eine nicht enden wollende Karawane von Lastern und Bussen vorbei, auf ihrem Weg durch das Tal von Muzdalifa. Auf dem schmalen Streifen zwischen meinem Ruheplätzchen und den riesigen Autoreifen, hunderte, abertausende von Füßen. Manchmal treten sie auf mich. Ich liege dort eingewickelt in das einfache weiße Gewand, das eine Freundin mir aus einem alten Betttuch genäht hat und drücke meinen einzigen mir noch verbleibenden Besitz an mich: meine Brille. Über mir erstrahlt nicht der sternenübersäte mekkanische Himmel, den ich in Visionen gesehen hatte, lange bevor ich hierher gekommen war. Eigentlich gar kein Himmel, nur eine dichte Wolke aus den Auspuffgasen der zumeist uralten Vehikel und dem Staub, den Millionen von Füßen aufwirbeln. Ab und zu, wenn einer der Busse unerwartet scharf bremst, fallen einige der Reisenden, die auf dem Dach sitzen, auf diejenigen hinunter, die sich zu Fuß fortbewegen.

Jetzt erschüttern Fieber und Lachen meinen Körper zugleich: Gerade kam mir in den Sinn, dass sich wohl keiner, der mich aus meiner westlichen Existenz kennt, mich jetzt, hier, so vorstellen kann. Ich kann mir lebhaft ihre ungläubigen Gesichter ausmalen, könnten sie mich so sehen! Der flüchtige Gedanke amüsiert mich genug, um mich für einen Moment von dem Schmerz in meinem Körper im Allgemeinen und meinen Lungen im Besonderen abzulenken, der immer stärker wird, während ich den unbeschreiblichen Cocktail aus Staub und Luftverschmutzung einatme. Dieser Moment der Erheiterung hilft mir, mich wieder auf das Gebet und den Zweck meines Hierseins zu konzentrieren: *„labbaik, allahumma, labbaik …“*, „Hier bin ich, oh mein Gott, hier bin ich …“ Dies ist der Hadsch, die Pilgerfahrt, die für jeden Muslim einmal im Leben Pflicht ist.

Es ist drei Uhr morgens. Wir haben hier zwei Stunden Rast gemacht und nun gibt unser Führer das Zeichen zum Aufbruch. Wir kommen wieder auf die Füße und gehen, gehen, gehen, einem neuen Morgen entgegen: dem „Morgen von Mina“, dem ersten Morgen unseres neuen Lebens, unseres Neuanfangs. Noch mühen wir uns ab, durchqueren die „Nacht des Tals von Musdalifa“[3] umgeben von der Dunkelheit unserer bisher gelebten Leben. Aber schon dämmert ein neuer Tag. Ein neuer, frischer Anfang wartet auf jeden von uns. Mögen wir uns dessen als würdig erweisen!

Gegen 4:30 Uhr erklingt der *adhan*, der Gebetsruf, von überall im Tal. Die letzten Vorräte an Wasser werden geteilt, um die Gebetswaschung zu vollziehen. Und dann dieser Anblick von Millionen von Körpern, die sich beugen, als wären sie eins, Millionen von Köpfen, die den Wüstenboden berühren, in der Lobpreisung des EINEN. Weiter und weiter gehen wir, einfach einen Fuß nach dem anderen hebend, angeklammert an den Rücken vor uns, das Festhalten des Pilgers hinter uns am eigenen Gewand spürend. Weiter und weiter werden wir geschoben, unablässig. Das Trance-gleiche Gefühl, das entsteht, wird sicherlich noch verstärkt durch mein Fieber und die Erschöpfung. In der letzten Zeit haben wir es durchschnittlich nur auf zwei bis drei Stunden Schlaf pro Nacht gebracht. All dies ist zweifellos wirklich und doch so unwirklich zugleich. Und während meine Füße gehen und gehen, in diesem Trance-ähnlichen Zustand, wandern meine Gedanken zurück in die Vergangenheit: Wie ist es dazu gekommen, dass ich jetzt hier bin, unter Extrembedingungen, statt in meiner schönen Wohnung in Frankfurt? In der Bequemlichkeit einer gesichert und vorhersagbar erscheinenden Lebensweise?

Ich denke an die Nacht, vor einigen Wochen erst und doch wie durch Welten vom Jetzt getrennt, im fernen Deutschland.

Ich lag in der Badewanne, weinte. Es waren Tränen der Berührtheit, der Freude. Ich las ein Büchlein, einen Leitfaden für den Hadsch, für die Pilgerfahrt nach Mekka, das mir jemand geschenkt hatte, als ich einen Vortrag zur „Stellung der Frau im Islam" hielt. Genau das, was ich brauchte! Es gibt doch keine Zufälle ... *„labbaik, allahumma, labbaik ...",* „Hier sind wir, oh Gott, hier sind wir ..." Mir kamen die Tränen, mehr und mehr, einfach so, bei dem Gedanken, dass ich schon bald zum ersten Mal vor der *ka'aba* stehen würde, dem innersten Heiligtum der islamischen Welt.

Der Gedanke an eine Pilgerreise nach Mekka war mir in der schwierigen Zeit der Endphase meiner zweiten Ehe gekommen. Ich betete darum, Klarheit für mein Leben zu finden, bewusster zu leben. In diesem Zusammenhang begann ich ein drittes *halvet* in Betracht zu ziehen, um deutlicher erkennen zu können, worum es in meinem Leben nun ging.

Wie das Schicksal es so wollte, war gerade zu jener Zeit eine neue türkische Patientin zu mir gekommen: Mübeccel, eine ganz besondere Frau Anfang 60. Sie suchte Hilfe im Umgang mit ihren Töchtern, die gerade schwierige Zeiten durchmachten. In einer unserer Sitzungen sagte sie: „Ich würde so gerne nach Mekka gehen, aber alleine traue ich mich nicht." Das war das Zeichen, auf das ich gewartet hatte. Bevor wir so recht wussten, wie uns geschah, waren wir Reisegefährtinnen in spe: „Stell dir vor, wie wunderbar es sein wird, in Mekka zu sein! Mit nichts anderem beschäftigt außer Gebet, Meditation und Kontemplation, an diesen uralten heiligen Stätten ..." Mübeccel sagte, sie würde alles für uns organisieren. Sie kannte Leute, die schon mehrere Male mit einer türkischen politischen Partei dort gewesen waren, die u. a. Pilgerfahrten ausrichtete. Wann es denn losgehen solle? Ich: „Nicht sofort, ich habe doch gerade meine Praxis nach Frankfurt verlegt. Da kann ich unmöglich gleich weg. Dazu fehlen mir deswegen zur Zeit auch die finanziellen Mittel. Außerdem steht jetzt der Hadsch bevor, dann wird in Mekka ein solches Gedränge sein, dass wir die Ruhe, nach der wir uns beide so sehnen, nicht genießen können. Im Sommer soll es dort sehr heiß sein. Wie wär's also im Winter?" Mübeccel teilte meine Ansichten.

Noch am selben Abend hatte sie mich angerufen, ganz aufgewühlt: „Alles deutet darauf hin, dass wir an dem Hadsch teilnehmen sollen", sagte sie. Sie beschrieb den Prozess ihrer Erkundigungen, der, Schritt für Schritt, darauf hinzuführen schien, dass für uns die Zeit, nach Mekka zu gehen, gerade jetzt sei – eben zur Zeit der Pilgerfahrt. „Und die Frist, ein Visum zu beantragen, läuft ab. Wir müssen uns jetzt sofort entscheiden. Wir würden vier Wochen unterwegs sein". Ich sagte ihr, dass ich zumindest noch eine Nacht bräuchte, um zu meditieren, um für eine Antwort zu beten. Am nächsten Morgen hatte ich die Klarheit, auf die ich gewartet hatte. Noch bevor mein erster Patient kam, rief ich Mübeccel an, gab ihr grünes Licht. Ein Teil von mir fühlte sich miserabel. Wie um Himmels willen sollte ich es schaffen, für vier ganze Wochen von hier wegzugehen, ausgerechnet jetzt? Der Einkommensverlust eines ganzen Monats, während doch alle Kosten weiter liefen, hier, bei meinem Neustart in einer fremden Stadt ... Und von all dem abgesehen, war doch allgemein bekannt, dass der Hadsch stressig ist ...! Aber gerade dieser Gedanke zeigte mir, dass ich – mal wieder! – nach einem leichten Ausweg gesucht hatte: wollte ich doch Mekka genießen ohne die vielen materiellen und physischen Schwierigkeiten auf mich zu nehmen, die mit der Pilgerfahrt einhergehen. Aber es war Gnade, die die Kette von Ereignissen in Bewegung gesetzt hatte, die mich so in die

Enge trieben, dass ich keine andere Möglichkeit mehr sah, als mich auf den Weg zu machen. Jetzt ging alles unheimlich schnell, folgte einer eigenen inhärenten Dynamik. Mübeccel rief mich mittags an, sagte: „Ich war gerade in der Moschee, um uns anzumelden. Ich musste deine Unterschrift fälschen, sonst wäre es zu spät gewesen." Nur deutsche Behörden würden an dieser Logik etwas auszusetzen haben, dachte ich.

Mübeccels Bekannter, der schon mehrmals in Mekka gewesen war, hatte vor einigen Nächten von uns beiden geträumt: Es ging in seinem Traum um die *al nahl*-Surah des Heiligen Korans und ihm wurden die ersten Verse dieser Surah, die in seinem Traum irgendetwas mit uns zu tun hatten, beigebracht. Als er morgens erwachte, konnte er diese Verse rezitieren, auf Arabisch, einer ihm unbekannten Sprache. Auch ich hatte einen für mich bedeutungsvollen Traum – weniger spektakulär: Ich sah Mübeccel und mich in Mekka, aber dieses Mekka lag an der Küste. Das Gefühl war das einer alles durchdringenden Glückseligkeit, einfach nur dort zu sein. Wenn wir im „Küsten-Mekka" waren, flatterten unsere Haare frei im Wind. Wenn wir dann im „Wüsten-Mekka" waren, trugen wir Kopftücher. Und wir waren einfach glücklich, in „beiden Mekkas", in beiden Zuständen. Es war ein absolut freudiger Traum, der für mich darauf hinzuweisen schien, dass unser Unterfangen richtig war, unabhängig von den Problemen auf der materiellen Ebene, die insbesondere ich aufgrund unserer Entscheidung zu bewältigen hatte. Mübeccel, die schon pensioniert war, war nur besorgt um mich, nicht um sich selbst.

Am darauf folgenden Samstag sollten wir an einem Vorbereitungstreffen in einer Moschee in Frankfurt teilnehmen, die zu der konservativen Partei gehörte, die unseren Hadsch organisierte: ein großer Saal, die vorderen Sitze angefüllt mit hunderten von Männern, dann eine Lücke, dann die hinteren Sitze voller Frauen. Wir setzten uns zu ihnen. Der eloquente Redner begann. Wir hatten Instruktionen bezüglich der heiligen Riten erwartet, die wir dort vollziehen würden. Aber schon eine ganze Stunde war mit Parteipropaganda verstrichen. Mübeccel und ich tauschten Blicke aus: „Wir müssen Geduld üben", flüsterte sie.

Es war offensichtlich, dass die meisten unserer Mitpilger der unterprivilegierten Klasse der so genannten „Gastarbeiter" angehörten, also türkische Migranten waren, die, zumeist ohne großartige Bildung, vor Jahrzehnten ihre Heimat für die Verheißungen eines „Wohlstands-Deutschlands" verlassen hatten. Damals, in den 60er-Jahren, hatten sie davon geträumt, einige Jahre hier zu arbeiten, um mit dem Ersparten in die Heimat zurückzukehren und eine bessere Zukunft aufzubauen. Im Laufe der Zeit waren die meisten dieser Träume zerronnen. Die Jahre waren vergangen, sie waren immer noch hier.

Eine Frau näherte sich uns. Sie handelte mit Pilgergewändern, mitgebracht aus der Türkei. Ich sah sie mir an, hörte nicht mehr auf die Parteipropaganda. Der Preis war in Ordnung, ich war leicht zu überzeugen, eines zu erstehen. Reine weiße Baumwolle, verziert mit einer großen türkischen Flagge. „Haben Sie auch eines ohne diese Fahne?", flüsterte ich. „Sie möchten die Flagge nicht?", antwortete sie überrascht. Dann, mit einem Lächeln, kam sie zu der Schlussfolgerung: „Sie wollen also die deutsche Fahne annähen!" Ich widerstand der Versuchung, ihr zu erklären, dass schließlich der Zweck eines Pilgergewandes u.a. darin besteht, die Unterschiede von Status, Klasse, Rasse, Nationalität etc. auszulöschen. „Ich nehme es", sagte ich, wissend, dass meine erste Amtshandlung zu Hause sein würde, besagte Flagge abzutrennen …

Inzwischen zeigte der redegewandte Sprecher uns Rucksäcke, die wir alle erhalten sollten: Sie wurden nicht nur von besagter türkischer Flagge geziert, nein, auch noch vom Parteiemblem, in Übergröße … „Geduld“, hörte ich Mübeccel vor sich hin murmeln. Wieder schaltete ich ab, versuchte, mich auf Mekka auszurichten. Auf einmal erregten einige Worte meine Aufmerksamkeit: „... kurzer Hadsch ...“ „Hast du das gehört?“, wandte ich mich an meine Freundin. Ja, sie hatte es ebenfalls vernommen. Nun folgte eine Stunde Vortrag über unseren tatsächlichen Aufenthalt in Mekka.

Nach dem Vortrag erbat ich ein Gespräch mit dem Referenten, Gazi Hodscha. Er führte uns beide in einen separaten Raum und ich befragte ihn zum „kurzen Hadsch“. „Nun“, sagte er, „dies ist eine Option für Geschäftsmänner, die ihren Geschäften nicht lange fernbleiben können. Der eigentliche Hadsch dauert ja nur einige Tage. Aber wenn man schon mal da ist, wollen die meisten mindestens einen Monat bleiben.“ Ich versuchte ihm klar zu machen, dass ich genau in der Lage besagter Geschäfts*männer* war, habe ich doch gerade meine Praxis aus Bayern nach Frankfurt verlegt und musste mich um den Neuaufbau kümmern. Zwar hatte er Sympathie für mein Dilemma, aber: *„Malesef …“*, leider, war diese Option längst ausgebucht. Ganz davon abgesehen starteten besagte Gruppen von Nürnberg statt Frankfurt und wären somit für uns ohnehin nicht geeignet.

Ein Kurzaufenthalt hätte die Lösung meiner Hauptprobleme dargestellt, aber was hätte dies für Mübeccel bedeutet? Bevor ich um das Gespräch mit Gazi Hodscha gebeten hatte, hatte ich sie gefragt. Sie wäre lieber länger in

Saudi-Arabien geblieben und außerdem gerne vorher oder nachher in die Türkei geflogen, um ihren Eltern (beide Anfang 90!) der Tradition gemäß die Hände zu küssen. Dennoch bestärkte sie mich in meinem Bemühen um den kurzen Hadsch, sah meine Bedürfnisse als wichtiger als ihre eigenen an.

Inzwischen hatte Gazi Hodscha großes Mitgefühl für meine Lage entwickelt und mein Problem zu dem seinen gemacht. Er telefonierte mit den verschiedensten Stellen, um dann strahlend zu verkünden, dass es ihm gelungen sei, uns zwei Plätze zu ergattern! Es seien nämlich gerade zwei Absagen für den zweiwöchigen „Kurz-Hadsch" eingegangen. Und es gab eine weitere Besonderheit: Der Flug ging aus Frankfurt statt Nürnberg ab, man hatte die Option, auf dreieinhalb Wochen zu verlängern und die Rückreise erfolgte via Istanbul, wo man bis zu drei Monate unterbrechen konnte, ohne Aufschlag. Mübeccel und ich sahen uns an, verstanden erst allmählich, dass jede von uns das Ersehnte erhalten hatte: Sie einen längeren Aufenthalt, verbunden mit der Möglichkeit, ihre Eltern zu sehen, ich eine schnelle Rückkehr zur Praxis. Und obendrein auch noch alles ab Frankfurt! Immer klarer sahen wir die „Hand, die die Feder führt".

Wir waren glücklich und nicht einmal allzu überrascht. Etwas Ähnliches hatte sich gerade bezüglich unserer Schutzimpfungen abgespielt. Zunächst war uns gesagt worden, dass wir alle auf diesem samstäglichen Vorbereitungstreffen unsere erforderliche Meningitis-Impfung erhalten würden. Ich hatte mir meine Gedanken gemacht: Würden die hygienischen Bedingungen auf dem neuesten Stand sein? Oder würde die Impfung eher eine Gefährdung als einen Schutz darstellen? Ich hatte erwogen, mich von einem befreundeten Arzt impfen zu lassen, diesen Gedanken dann jedoch wieder verworfen. Wenn ich nicht gerade einen gravierenden Mangel, wie z. B. das mehrfache Benutzen einer Nadel, sehen würde, würde ich mitmachen. Nur weil ich die Möglichkeit hatte, mich privat versorgen zu lassen, würde ich mich nicht von meinen Geschwistern auf dem Pilgerweg absondern. Ist nicht der Hadsch in seiner Gesamtheit eine Geste der bereitwilligen, bedingungslosen und bewussten Hingabe? Eine Hingabe an die allem immanente und transzendente Macht, die jeden Aspekt unseres Lebens bestimmt? *„Und nicht ein Blatt fällt nieder, ohne dass Er es weiß …“* (Surah 6/60), wie der Heilige Koran sagt. Gerade hatte ich diesen Entschluss gefasst, als Mübeccel anrief: Die deutsche Gesundheitsbehörde hatte die Massenimpfung in der Moschee untersagt. Jeder musste sich selbst einen Arzt suchen …

Nach Mekka!

1. Tag des Hadsch

19. April 1996. Ich befinde mich an Bord eines Pilger-Charterflugs der Saudi Arabian Airlines, auf meinem Weg nach Mekka. Vor 32 Jahren war ich gemeinsam mit meinen Eltern ebenfalls an einem 19. April in Istanbul angekommen. Eigentlich hatten wir nur ein Jahr lang bleiben sollen. Es kam jedoch ganz anders, wir blieben. So wuchsen mein Bruder und ich schließlich am Bosporus auf statt an der Kieler Förde. Ich war 1964 13 Jahre alt, gerade auf der Schwelle zum Frau-Sein. Ich wusste seinerzeit noch nicht, dass dieser Umzug in die Türkei einen alle Dimensionen meines Lebens durchdringenden Einfluss haben würde. In gewisser Weise, denke ich, begann meine Reise nach Mekka schon damals, als wir vier uns in unserem Auto den alten Stadtmauern von Istanbul näherten, an diesem anderen 19. April. Vor meinem inneren Auge sehe ich immer noch meine geliebten Großeltern in Kiel stehen, als sie uns nachwinkten. Wahrscheinlich war ihnen klarer gewesen als uns selbst, dass es in vielerlei Hinsicht ein endgültiger Abschied war.

Inzwischen liegt auch der andere, neueste Abschied schon hinter mir. Vor einigen Stunden hat Peer, mein zweiter Ehemann, mich zum Flughafen gebracht. Eine letzte Umarmung in dem Wissen, dass es uns nicht gelungen ist, unsere Liebe zu leben. Im Wissen auch, dass diese Pilgerfahrt das Ritual ist, das die Trennlinie unserer Lebenswege symbolisiert. Sie trennt die vergangenen Jahre des vergeblichen Bemühens und Hoffens von der jetzt beginnenden Phase, in der jeder von uns ohne den anderen leben lernen muss.

Gegen 17:00 Uhr habe ich mich mit Mübeccel auf dem Flughafen getroffen. Wir passieren alle für die Ausreise erforderlichen Kontrollstellen, die mit äußerst unfreundlich bis arrogant wirkendem Personal besetzt sind. Man versucht gar nicht erst, so zu tun, als wäre man durch unsere in weiße, fließende Gewänder gekleidete Gruppe nicht genervt. Eine Beamtin, die besonders aggressiv wirkt, duzt mich sogar. Die Stimmung ist bedrückend.

Aber als die Türen des großen Jets sich hinter uns schließen, ändert sich die Atmosphäre schlagartig. Während wir langsam in Richtung Startbahn rollen, begrüßt uns der Kapitän und rezitiert dann auf Arabisch ein Reisegebet, während draußen die letzten Lichter Frankfurts in der Dunkelheit verschwinden. Eine Stimmung des Friedens hüllt uns ein. Ein ganzes Flugzeug voller Menschen, von derselben Absicht getragen. Als die Gebetszeit kommt, müssen wir die Bewegungsabläufe mehr oder weniger symbolisch vollziehen, da wir durch unsere Sitze eingeschränkt sind. Ich bemühe mich immer noch, die *al kafirun*-Surah auswendig zu lernen, von der mir Mitreisende versichert haben, dass sie für den Hadsch besonders segensreich sei: „Im Namen Allahs, des Gnädigen, des Barmherzigen. Sprich: ‚O ihr Ungläubigen! Ich verehre nicht, was ihr verehret, noch verehrt ihr das, was ich verehre. Und ich will das nicht verehren, was ihr verehret; noch wollt ihr das verehren, was ich verehre. Euch euer Glaube und mir mein Glaube.‘“

Auf einmal, irgendwo, beginnt eine Stimme ganz sanft und weich das uralte: *„labbaik, allahumma, labbaik …“* anzustimmen. Andere Stimmen fallen ein, der Klang baut sich auf, einer Woge gleich, die aus allen Richtungen über uns hinweg, durch uns hindurch gleitet. Ich weine – und muss fast schon wieder lachen beim Gedanken daran, dass ich mir keine Sorgen um mein Augen-Make-up machen muss, habe ich mich doch schmucklos und ungeschminkt auf diese Pilgerreise gemacht. Et tut gut zu sehen, dass mein emotionaler Ausbruch in dieser Gruppe keinen sonderlich zu stören scheint: Viele Augen sind genauso nass wie meine. Ob man sich der heiligen Stätte auf dem Rücken der Kamele näherte oder im Jet, die Tiefe der Berührtheit, die magische Kraft des Rufes *„labbaik“*, hat sich offensichtlich über die Jahrhunderte hinweg nicht verändert. Nach meiner Pilgerfahrt entdeckte ich den Bericht der Mekkareise des Ibn Dschubair aus dem 12. Jahrhundert, aus dem im Folgenden immer wieder zitiert werden wird, spiegeln seine Aussagen doch in teils kontrastierender, meist aber erstaunlich ähnlicher Weise die Erfahrungen einer modernen Pilgerfahrt nach Mekka. „Während wir in jener Nacht unseren Weg zurücklegten, warf der Mond seine Strahlen auf die Erde; und die Nacht zog vor uns ihren Schleier weg; von überall drangen die Worte *„labbaika“* an unser Ohr. Die Stimmen schwollen an bei der Anrufung, sie flehten zu Gott in ihrem Begehren. Bisweilen verstärkten sich die Rufe …, manchmal demütigten sie sich in Gebeten. Oh glückliche Nacht von unendlicher, unberührter Schönheit; Braut der Nächte des Lebens, Jungfrau unter den Mädchen der Ewigkeit.“[4]

Plötzlich ändert sich die ruhige Stimmung, eine fast hektisch anmutende Aktivität setzt ein: Wir sind kurz davor, die Grenzlinie zu überqueren, die dort unten auf der

Erde die gewöhnliche Realität von dem heiligen Bereich trennt, der der Pilgerfahrt geweiht ist. Dies bedeutet den Eintritt in einen Sonderzustand, in dem das alltägliche Leben, so wie wir es kennen, zurückgelassen wird. Es ist ein ritualisiertes symbolisches Sterben, ein bewusstes Gehenlassen aller weltlichen Belange, eine absolute Ausrichtung auf das Darüber-Hinaus. Zur Vorbereitung auf den Hadsch hatte auch das Sich-Verabschieden von allen geliebten Menschen gehört, als wäre dieser Abschied endgültig. Das bedeutet auch, nichts unerledigt zurückzulassen, Frieden mit denen zu schließen, mit denen man im Streit war, keine Schulden zu hinterlassen, die nicht von jemand anderem übernommen werden würden, sollte man nicht zurückkommen. Keinerlei weltliche Verpflichtungen und Verhaftungen sollen sich einschleichen und uns davon abhalten, uns mit der Ganzheit unseres Seins dem Göttlichen zu widmen.

Dieser innere Zustand spiegelt sich wider in bestimmten äußerlichen Anzeichen: Die Männer dürfen keinerlei Kleidungsstücke tragen außer zwei weißen Laken, dem *ihram*, nahtlos wie ein Totengewand. Keine Unterwäsche, keine Socken, so, als stiegen sie ins Grab. Wir Frauen sind von diesen Restriktionen befreit: Jegliche Kleidung, die den islamischen Anstandsregeln entspricht, ist uns erlaubt. Mübeccel und ich sind ganz einfach in die fließenden weißen Gewänder gekleidet, die sie aus meinen alten Bettlaken genäht hat. Ein schlichtes weißes Tuch bedeckt meinen Kopf. Mein ungeschminktes Gesicht und meine unlackierten, kurz geschnittenen Fingernägel sind meine eigene Art, mich durch äußere Symbole an die heiligen inneren Räume zu erinnern, die ich bete, erreichen zu dürfen.

Viele der Männer haben zu Beginn der Reise noch ihre Alltagskleidung getragen. So gibt es jetzt einen Sturm auf die Toiletten, wo sie sich in den *ihram* kleiden wollen. Das Durcheinander nimmt zu, als klar wird, dass aufgrund der begrenzten Anzahl der Toiletten und der knappen Zeit nicht alle es rechtzeitig schaffen werden. So formieren sich kleine Grüppchen von Männern, die sich gegenseitig assistieren: Zwei halten Teile eines *ihrams* hoch, hinter denen sich dann jeweils ein anderer umzieht. Wir Frauen sehen amüsiert zu: Die Männer wirken auf rührende Weise unsicher und unbeholfen in der ungewohnten Kleidung. Ein Laken bedeckt ihre Blöße von der Taille an abwärts, eines ist um die Schulter drapiert – und wir Frauen lachen, da die Laken für den Oberkörper noch oft herabrutschen. (Später, im Laufe des Hadsch, sind dann alle Männer zu Experten geworden!)

Die unversehens heitere Stimmung schlägt erneut um. Über Lautsprecher werden wir informiert, dass die Zeit für die *niyat*, d.h. für die Absichtserklärung hinsichtlich des Hadsch, gekommen ist. Der Sprecher erinnert uns daran, dass es drei Optionen gibt, die sich im Ausmaß der rituellen Erfordernisse unterscheiden: *hajj ifrad, hajj tammatu und hajj qiran.* Die erste ist die am wenigsten, die letzte die am meisten fordernde Version. Mübeccel und ich tauschen einen Blick aus: Wir entscheiden uns beide für die *hajj qiran.* Jetzt ertönen durch die Lautsprecher die arabischen Worte zur Absichtserklärung, die wir wiederholen, je nach der Wahl, die wir getroffen haben. Eine tiefe Stille breitet sich aus, Bewusstheit und Ehrfurcht über diesen unseren neuen Zustand überkommt uns. Die Lichter sind gedämpft, dennoch schläft kaum einer. Ich bete weiter, hauptsächlich für Reinheit in Absicht und Handlung, für uns alle, die wir hier zusammen durch die Nacht fliegen. Um Gottes Segen für all die Lieben, die wir zurückgelassen haben, für die Welt, für das Leben an sich.

2. Tag des Hadsch

Gegen 3:00 Uhr morgens landen wir. Die Flutlichter tauchen die riesigen, zelt-ähnlichen Strukturen in gleißendes Licht: der Pilgerflughafen von Dschidda! Meine Emotionen überwältigen mich erneut: das Bewusstsein, zum ersten Mal das Land Muhammads (s. a.)[5] zu betreten, lässt die Tatsache, dass jetzt unser Hadsch wirklich begonnen hat, greifbar werden. Busse transportieren uns weiter. Ich weine, während ich lautlos *„labbaik, labbaik ...“* rezitiere. Unsere Gruppenleiter stehen in meiner Nähe und unterhalten sich leise über ganz weltliche Belanglosigkeiten. Wie kann es irgendwen geben, der nicht ganz gefangen ist in diesem außerordentlichen Moment? Aber diese Männer kommen mehrmals pro Jahr hierher, haben den Hadsch schon des Öfteren vollzogen und somit natürlicherweise eine abgelöstere Haltung entwickelt, als ich sie haben kann.

Wir gelangen in einen großen, kahlen Saal, mehrere Hundert von uns. Wir warten. Dann naht die Zeit für das Morgengebet. Ein großer Pfeil, der auf eine Wand gemalt ist, zeigt die *qibla* an, die Gebetsrichtung gen Mekka. Unser erstes Gebet auf saudi-arabischem Boden. Dann warten wir weiter. Nach zwei Stunden werden wir in den nächsten Raum geführt, diesmal Männer und Frauen getrennt. Wieder warten wir. Ein Einreise-Beamter patrouilliert vor uns auf und ab. Ab und zu wählt er – willkürlich, wie uns scheint – eine Frau aus und beordert sie an einen anderen Platz im Raum. Das Warten geht weiter. Man hatte uns schon in Deutschland gesagt, dass es bis zu 12 Stunden dauern kann, nur aus dem Flughafen herauszukommen. Weitere eineinhalb Stunden geschieht nichts. Einige in unserer Gruppe beginnen die Saudis zu beschuldigen, Machtspiele zu betreiben und uns hier unnötigerweise festzuhalten. Andere erinnern daran, dass man während des Hadsch nichts Übles von seinen Mitmenschen denken soll, und dazu gehören auch diese Beamten. Dennoch, es wird immer schwieriger, Gleichmut und Frieden in unseren Herzen zu bewahren. Die zunehmende Müdigkeit tut ihren Teil dazu.

Da hören wir eine helle, fröhliche Stimme aus voller Kehle *„labbaik, labbaik …“* schmettern. Durch die Gefängnis-ähnlichen Eisenstäbe, die den ersten Saal, in dem wir waren, von dem trennen, in dem wir jetzt sind, sehen wir einen winzigen alten Mann. Mit seinem dünnen Hals und kahlen Kopf erinnert er an einen jungen Vogel, der in seinem Nest zwitschert. Er singt sich die Seele aus dem Leib! Einige der Beamten in besagtem Saal versuchen, ihn zum Schweigen zu bringen, aber ohne Erfolg. Unbekümmert macht er weiter. Und alle anderen dort drüben unterstützten ihn, fallen ein, so auch wir Frauen hier auf der anderen Seite der Gitterstäbe, bis schließlich alles ein einziger Klang ist, der uns trägt. Die Beamten zucken die Schultern, geben auf, einige lächeln sogar. Und jetzt haben wir nicht nur unseren inneren Frieden wieder, sondern auch Freude und der Geist der Gemeinschaft füllen uns. Warten und Müdigkeit sind gar nicht mehr so schlimm.

Nach einer weiteren Stunde werden einige Frauen – aus unserer Sicht wieder willkürlich – durch einen der Beamten ausgewählt und zur Passkontrolle weitergeschickt. Dann, irgendwann, sind auch wir dran. Die invasivste körperliche Durchsuchung, die ich je irgendwo erlebt habe (möge Gott geben, dass die diensthabende Beamtin saubere Finger, kurze Fingernägel und keinerlei ansteckende Krankheiten hat!), und wir haben es geschafft. Langsam finden sich alle unserer Gruppe draußen ein und wir betrachten den leuchtenden Morgenhimmel, der auf uns wartet. Unsere Koffer kommen aus dem Zoll und werden an uns vorbeigeschafft. Wir sitzen hinter weiteren Gitterstäben fest. Keiner von uns weiß so genau, auf was wir jetzt noch warten, was wir tun sollen. Also warten wir einfach.

Schließlich können wir gehen und folgen unserem Gruppenleiter, der eine türkische Fahne hochhält, zu unserer nächsten Station. (Für mich verwirrend: Die Lautsprecher verkünden in vielen Sprachen, jeder Pilger solle der Flagge seines Landes folgen. Ich suche die deutsche, finde keine in Sichtweite, werde aber von den anderen belehrt: „Du bist jetzt Türkin". Diese Sichtweise vereinfacht die Sache und ich hoffe nur, dass die für die Einreise zuständigen Behörden das ebenso sehen werden …) Wir gehen zu dem für uns bestimmten Platz unter einer der Zelt-ähnlichen Strukturen, wo im Schatten Strohmatten auf uns warten. Inzwischen ist es 9:00 Uhr morgens und die meisten von uns haben seit über 24 Stunden kein Auge zugemacht. Um uns herum, soweit man sehen kann, sitzen andere Pilgergruppen auf ihren Strohmatten und warten, genau wie wir. Viele haben Wasser und etwas zu essen dabei und teilen ihre Vorräte mit denen von uns, die nichts haben. Es ist ziemlich heiß und die Lautsprecher brüllen nonstop. Schließlich werden wir informiert, dass unser Bus angekommen ist. Wie durch ein Wunder taucht auch unser Gepäck auf. Welche Logistik, wenn man bedenkt, dass Millionen von Menschen innerhalb kürzester Zeit hier einreisen!

Auf geht's, nach Mekka! An der Stadtgrenze und noch zwei Mal unterwegs gibt es Straßenkontrollen. Beamte besteigen den Bus und inspizieren die Pässe. Wir hatten sie abgeben müssen und werden sie auch bis zur Ausreise nicht wiedersehen. Ein merkwürdiges Gefühl, sich ohne Ausweispapiere im Ausland zu befinden. Wieder und wieder zählen die Beamten, sowohl die Pässe als auch uns Menschen. Wiederholt gehen sie durch den Gang, sehen sich jeden von uns genauestens an, immer wieder. Eine bedrückende Stimmung. Es herrscht Stille. Wir haben keine Ahnung, nach was oder wem sie suchen. Intuitiv ziehe ich meine Tücher noch fester um mich, blicke zu Boden. Schließlich können wir weiterfahren. Diese Prozedur werden wir in den nächsten Wochen noch oft erleben. Das beängstigende Gefühl dabei verschwindet nie.

Unser Bus fährt weiter, durch eine Landschaft, die eher nichtssagend wirkt. Das leichte Schaukeln lullt einige Mitreisende in den Schlaf. Regelmäßig werden diese dann von anderen Mitpilgern wieder geweckt – mehr oder weniger sanft: „Wie kannst du jetzt schlafen? Wir nähern uns dem Haus Gottes! Bleib wach, Schwester! Halt deine Augen offen, Bruder! Schlaf nicht!“ Wann immer das zunehmende Schlafbedürfnis überwältigend zu werden droht, stimmt irgendjemand *„labbaik, labbaik …“* an und wir spüren eine neue Welle der Energie. Inzwischen habe ich akzeptiert, dass dieser uralte Ruf mir jedes Mal von Neuem Tränen in die Augen treibt. Weil ich Sentimentalität verabscheue, hatte ich zunächst versucht, diese Reaktion zu unterdrücken. Es ist ein zum Scheitern verurteiltes Unterfangen. Statt mich weiter in meinem offensichtlich zwecklosem Bemühen zu erschöpfen, beschließe ich, meine Tränen, meine Emotionalität einfach anzunehmen.

Plötzlich geht eine Woge der Erregung durch den Bus, alle zeigen auf ein Straßenschild: „Only Muslims permitted beyond this point“, Zutritt erlaubt nur für Muslime. Dies erinnert uns wieder an unseren derzeitigen Sonderstatus.

Nicht in einem elitären Sinn – es gemahnt uns einfach daran, alles zu geben, was wir haben, um uns des Privilegs, den Hadsch unternehmen zu dürfen, würdig zu erweisen. Wir halten an. Ein *Zem zem*-Wasser-Verteilungszentrum! Die Quelle dieses heiligen Wassers befindet sich in Mekka: Hierher hat Ibrahim (christl. Abraham) seine Frau Hadschar, die Mutter Ismails, gebracht – im Vertrauen darauf, dass Allah sie versorgen werde, denn seinerzeit gab es an dieser Stelle kein Wasser. Als das mitgebrachte Wasser ausging und sie sich auf die Suche nach Hilfe machte, sah sie vom Hügel Marwa aus einen Engel an der Stelle von Zamzam, der die Erde aufbrach, bis Wasser hervorfloss – so die islamische Überlieferung.[6] Jeder von uns erhält eine große Plastikflasche voll und ehrfürchtig, bewegt trinken wir dieses Wasser aller Wasser. Ein charakteristischer Duft, ein charakteristischer Geschmack. Für die meisten von uns die allerersten Schlucke von etwas, das auf immer mit der Hadsch-Erfahrung verbunden sein wird, von einer Flüssigkeit, die wir auf dem Rückflug mit uns tragen werden. Etwas, das für uns so kostbar werden wird, dass es schließlich mit anderen in immer kleineren Mengen, zu immer besondereren Anlässen, geteilt werden wird.

Jetzt, gegen 17:00 Uhr, 24 Stunden nach unserem Abflug, liegt Mekka direkt vor uns. Die Erregung im Bus nimmt zu, wird greifbar, spürbar. Der Leiter fordert uns alle auf, gemeinsam das *„labbaik, labbaik …"* anzustimmen, um die Müdigkeit zu vertreiben, die inzwischen auch die Standhaftesten unter uns zu überwältigen droht. Und so, singend, betend, weinend, lachend, fahren wir nach Mekka ein, umarmen einander. Dabei gibt es eigentlich nichts Besonderes zu sehen, eine saudi-arabische Stadt wie wahrscheinlich viele andere auch – mit einer Ausnahme: ein gold-gelb leuchtendes McDonalds Symbol! Damit hatte keiner von uns gerechnet. Die arabischen Schriftzeichen darunter lassen es fremd und vertraut zugleich erscheinen.

Wir fahren durch Außenbezirke zum Stadtteil Aziziye, wo sich die Gebäude („Logements“) der türkischen Partei befinden, die unseren Hadsch arrangiert hat. Es sind moderne zehnstöckige Häuser, an denen immense türkische Flaggen hängen, so groß, dass sie gleich mehrere Stockwerke auf einmal bedecken. Mübeccel und mir wird der siebte Stock zugewiesen. Diese Etage ist unterteilt in mehrere Wohnsegmente, jedes mit diversen Schlafräumen und einem Badezimmer. Wir beiden teilen unser Zimmer mit fünf weiteren Frauen, das Bad mit 35 anderen. Unsere Zimmereinrichtung besteht aus sieben flachen Matratzen auf dem Boden, sieben Decken und sieben Kissen. Es gibt eine Klimaanlage und einen großflügeligen Ventilator an der Decke. Stühle werden wir nicht mehr sehen, bis wir Saudi-Arabien verlassen. Ich denke, dass allein diese Tatsache schon einigen westlichen Pilgern Schwierigkeiten bereiten wird, die es nicht mehr gewohnt sind, in Erdverbundenheit zu leben.

Das Gebet findet kurz nach 20:00 Uhr statt. Anschließend sollen wir uns unten in der Eingangshalle treffen, um zum *haram* zu gehen, dem heiligen Bezirk, der die *ka'aba,* das „Haus Gottes“ *(baitu'llah)* umgibt. Aber nur Mübeccel und ich sind zur vereinbarten Zeit dort. Alle anderen haben sich zum Schlafen hingelegt. Offensichtlich sind wir beiden sehr „verdeutscht“, was Pünktlichkeit angeht. Wir gehen wieder auf unser Zimmer, um ebenfalls ein wenig zu ruhen. Schließlich, etwas nach Mitternacht, geht es dann tatsächlich los. Die türkische Organisation stellt Shuttle-Busse, die rund um die Uhr im Einsatz sind.

Wir steigen aus, biegen um eine Ecke und stehen ganz unvermittelt den hell angestrahlten Minaretten gegenüber, die zu der ausgedehnten Moscheenanlage gehören, die um die *ka'aba* herum gebaut ist. Der Himmel ist pechschwarz, die riesigen Flutlichter strahlen in einem phosphoreszierenden grünlich-weißen Licht. Überwältigt bleiben wir stehen, wie angewurzelt, aber unser Leiter geht einfach ruhig weiter und so beeilen wir uns, den Anschluss an ihn nicht zu verlieren. Nach einer körperlichen Durchsuchung dürfen wir den heiligen Bezirk betreten. Weiter gehen wir und ganz plötzlich sehen wir vor uns das innerste Heiligtum der islamischen Welt: so plötzlich, dass es uns den Atem nimmt. Dabei haben wir uns so lange schon auf genau diesen Moment vorbereitet, eigentlich schon ein ganzes Leben lang. Und jetzt sind wir hier. Hier, so unfassbar, so überwältigt, so berührt. Das Gebäude ist ein einfacher Kubus von eher bescheidenen Ausmaßen. So schlicht und doch das imposanteste Gebäude auf Erden. Teils ist es bedeckt von einem schwarzen Tuch, das mit goldenen Kalligraphien wunderschön bestickt ist. Unser Führer geht einfach weiter, stoisch, weiter und weiter. Wir folgen und ich sehe, dass ich nicht die einzige bin, der die Augen überlaufen.

Er führt uns in den *tawwaf*, die Umrundungen der *ka'aba*, die als die beste Art des Gottesdienstes in Mekka gelten. Ein *tawwaf* besteht aus sieben Umkreisungen. Wir fließen ein in den unendlichen Strom der Pilger, kreisen, kreisen, kreisen. Gegen den Uhrzeigersinn, Richtung Herz. Dieser nicht endende Strom der Pilger, der jetzt schon seit fast eineinhalbtausend Jahren seine Kreise zieht, besteht aus einer unglaublichen Menge von Menschen von überall auf der Welt, drängend, schubsend, schiebend. Ein unaufhörliches Stimmengemurmel in Arabisch, die Rezitation von Surahs und Gebeten. Unser Leiter fällt ein und wir tun es ihm nach. Einige sind mir vertraut, andere wiederhole ich einfach phonetisch, so wie ich sie höre. Die Masse ist so unglaublich dicht gepackt, dass ein einziger Moment der Unachtsamkeit ausreichen würde, um die Gruppe zu verlieren. Von hinten ist es unmöglich zu erkennen, wer wer ist. Die Männer sehen in ihren *ihrams* sowieso alle gleich aus und auch wir Frauen unterscheiden uns von hinten nicht sonderlich voneinander. Umschlagtücher und *ihrams, ihrams* und Umschlagtücher ... Mübeccel bekommt Angst: „Halt dich fest", sagt sie, während ich versuche, mich nach innen zu richten. Aber sie hat Recht. Es ist unmöglich, sich nach innen zu wenden ohne die sofortige Gefahr, die anderen zu verlieren.

Wir gehen, gehen, gehen. Immer wenn wir am offiziellen Anfangspunkt ankommen, hält unser Führer kurz an, damit wir den *al-hadschar al-aswad,* den Schwarzen Stein in einer Ecke der *ka'aba,* auf die traditionelle Weise grüßen können: *„Bismillah, Allahu akbar"* – „Im Namen Allahs, Allah ist größer als alles" – und weiter geht es, noch eine Runde und noch eine ... Irgendwann gebe ich meine ursprüngliche Vorstellung vom Sich-nach-innen-Wenden auf, beschränke mich einfach darauf, mich an den Pilger vor mir zu klammern, spüre das Ziehen des Pilgers hinter mir, der sich seinerseits an mir festhält, rezitiere die uralten arabischen Mantras, ob ich sie nun kenne oder nicht, setze einfach einen Fuß vor den anderen, wieder und immer wieder. Als ich meine Bemühungen schließlich aufgebe, gerate ich in eine Art von „Geh-Trance". Ich werde einfach ein Teil dieser unglaublichen Masse, verliere das Gefühl für Zeit und Raum.

Einen flüchtigen Moment lang gewinnt die Sozialwissenschaftlerin in mir die Oberhand; ich registriere die Tatsache, dass die uralten, kulturelle Grenzen überschreitenden Methoden zur Induktion veränderter Bewusstseinszustände hier in Perfektion zum Einsatz kommen: Erschöpfung durch Schlafentzug, fastenähnlicher Mangel an Nahrungsaufnahme. Eine Konzentration aller Sinne auf einen einzigen Kontext, hier den islamischen. Darüber hinaus gilt sexuelle Abstinenz – ebenfalls eine in allen Kulturen angewandte Methode zur Herbeiführung und Verstärkung veränderter Bewusstseinszustände – auch für diejenigen unter uns, die mit ihren Ehepartnern hier sind. Dann noch die sich ständig wiederholenden stereotypen Bewegungsabläufe des Im-Kreis-Laufens, herum und herum, die immerwährende Rezitation der alten koranischen Mantras. So gehen wir, gehen, gehen und gehen …

Nachdem wir die Erfordernisse des *tawwaf* erfüllt haben, geht es weiter zum *sa'i,* dem Laufen zwischen den beiden Hügeln Safa und Marwa, die knapp 400 Meter voneinander entfernt sind. Es erinnert an Hadschars Suche nach Wasser, d. h. an ihr absolutes Gottvertrauen, verbunden mit der Notwendigkeit eigener großer Anstrengung und Opferbereitschaft. Ein Basisprinzip des Islam – dargestellt am Beispiel einer Frau. Auf einmal nehme ich einen ganz speziellen, einzigartigen, längst vergessenen Geruch wahr: den Duft des Schwarzen Steins! Der Sheykh, der mir meine *halvet*-Erfahrungen ermöglicht hatte, hatte mir vor langer Zeit ein kleines Fläschchen mit einer bräunlichen Flüssigkeit geschenkt. Er hatte es aus Mekka mitgebracht, sagte, es enthalte die „Essenz des Schwarzen Steins“. Auf meine verwunderte Frage: „Wie denn …?“ hatte er lächelnd geantwortet: „Lassen Sie dem Sufitum einige Geheimnisse!“ Ich hatte damals nicht so recht gewusst, was ich damit anfangen sollte und es an meinen spirituellen Lehrer weitergegeben, der es wiederum an einen seiner anderen

Schüler weiterreichte, der – da mit AIDS diagnostiziert – in einer sehr verletzlichen Lage war. Und jetzt war er wieder da, der lang vergessene Duft! Ich erkannte ihn sofort.

Wir gehen zu einem *Zem zem*-Brunnen, trinken, soviel das Herz begehrt, und vollziehen die rituellen Waschungen. Dieses kostbare Nass fließt hier überreichlich. Die alten Schriften sagen: *„Zem zem* ist das, wofür du es trinkst", also: Was auch immer du anstrebst, dieses Wasser wird dir dabei helfen. Ich bemühe mich wieder, mich auf Reinheit der Absichten und Handlungen – für mich selbst und alle anderen – zu konzentrieren. Ich trinke und trinke.

Dann verlässt unser Führer uns, nimmt die meisten anderen aus unserer Gruppe mit sich. Nur wir wenigen, die die Absicht bekundet hatten, die forderndste Version, die des *hajj qiran*, zu absolvieren, bleiben zurück. Wir müssen den *tawwaf* fortsetzen. Da die Gefahr, einander zu verlieren, groß ist, einigen wir uns auf einen Treffpunkt für den Fall der Fälle. Mübeccel dreht sich zu mir um: „Wir beide werden uns aneinander festhalten, komme, was mag, nicht wahr?" Ich stimme zu. So geht es weiter und schon bald hat sie den Kontakt mit dem Mitpilger aus unserer Gruppe verloren, an dem sie sich festgehalten hatte. Nun sind wir beide allein, auf uns gestellt. Wir beenden die erforderlichen sieben Runden und begeben uns zu dem vereinbarten Treffpunkt. Keiner ist da. Wir warten noch eine ganze Weile und geben es dann auf, die anderen wiederzufinden. Mübeccel sagt, sie wisse, wo der Bus abfährt, der uns wieder zu unserem Logement bringen soll. Ich folge ihr.

Wir verlassen den *haram*-Bezirk, aber kein Bus unserer Organisation ist in Sicht. Wir nehmen an, dass wir wohl einen falschen Ausgang der riesigen Moschee erwischt haben. So gehen wir wieder hinein, probieren einen anderen

Ausgang aus. Wieder kein Bus. Wir wiederholen die Strategie mit allen Ausgängen, die die Moschee hat. Kein Bus! Wir beschließen, von außen um den Komplex herum zu gehen, dies sollte uns doch irgendwann zu unserem Bus bringen! Aber der Umfang beträgt mehrere Kilometer, durchbrochen von größeren Gebäuden und einschneidenden Straßenschluchten. Ein hoffnungsloses Unterfangen. Wir wenden uns an andere Menschen, fragen diese, ob sie unseren Bus gesehen hätten. Aber kaum einer spricht eine der Sprachen, die wir sprechen. Und die, mit denen wir uns etwas verständigen können, haben von unserer Organisation noch nie gehört, geschweige denn unseren Bus gesehen.

Inzwischen sind wir in einem Zustand äußerster Erschöpfung. Wir haben seit mehr als 48 Stunden nicht geschlafen (für mich der Rekord meines Lebens!) und außer *Zem zem*-Wasser keinerlei Nahrung zu uns genommen, da wir weder Vorräte mitgenommen noch uns von denen unserer Mitpilger auf dem Dschiddaer Flughafen bedient hatten. Am schlimmsten peinigen mich aber jetzt meine Kontaktlinsen. Ich will nur noch ins Bett! So schlage ich vor, ein Taxi zu nehmen. Mübeccel lehnt kategorisch ab: weiße Sklaverei sei hier noch an der Tagesordnung, sagt sie; Frauen, die alleine Taxi fahren, würden gekidnappt, an Harems verkauft etc. Ich glaube ihr kein Wort, es muss sich um krankhafte Fantasien handeln, die irgendwelche Geschichten aus 1001 Nacht mit der Gegenwart verwechseln. Ich bestehe auf einem Taxi, sie weigert sich. Schließlich beschließe ich, dass das Prinzip der Kooperation Vorrang hat vor meinem Wunsch – endlich! – meine Kontaktlinsen loszuwerden und zu schlafen. So suchen wir weiter und weiter. Schließlich sehen wir ein großes Hotel, das einen vertrauenswürdigen Eindruck macht. Wir gehen hinein, bitten, unsere Organisation anrufen zu dürfen. Der Herr, den wir dort erreichen, zeigt sich höchst alarmiert bezüglich unserer Sicherheit, schärft uns ein, uns nicht von dort weg zu bewegen, komme was wolle. Man würde uns holen.

Eine Stunde später werden wir (per Krankenwagen!) abgeholt. Herrlich, jemanden zu sehen, der eine Sprache spricht, die wir auch sprechen – Türkisch –, der sagt, er brächte uns „nach Hause"! Das tut er auch und da es schon fast Morgen ist, lädt er uns zu Tee und Oliven in ein kleines Lokal gegenüber unseren Logements ein. Wir sind so dankbar, „zu Hause" zu sein, dass wir trotz der inzwischen unglaublichen Müdigkeit annehmen. Genau zur Zeit des Morgengebets, gegen 4:30 Uhr, sind wir wieder in unserem Zimmer.

Der „Duft des Schwarzen Steins“

3. Tag des Hadsch

Der dritte Tag unserer Reise bricht an und wir haben keinen Moment geschlafen. Interessanterweise wird die extreme Erschöpfung zwischendurch fast zu einem Zustand der Hyper-Wachheit. Wir nehmen alles einfach, wie es kommt. Heute gibt es kein Programm, jeder kann tun, was er oder sie möchte. Mübeccel und ich haben Sehnsucht danach, endlich in Ruhe „nach innen“ zu gehen, uns ins Gebet zu vertiefen. Wir fahren wieder zu *baitu'llah*, suchen uns ein Plätzchen zwischen all den Frauen, setzen uns auf den relativ kühlen, schönen Marmorboden. Wir verbringen den Tag mit Gebet, Meditation, *dhikr* – Letzteres ist eine Sufi-Technik, die Atmung, Körper- und Kopfbewegung sowie Konzentration auf heilige Mantras verbindet und zum „Polieren des Spiegels des Herzens“ dient. Immer wieder betrachten wir die *ka'aba*. Manchmal kommen uns bei diesem Anblick die Tränen, manchmal inspiriert er uns zu einem merkwürdigen Gefühl der Gewissheit, einem Gefühl, „angekommen“ zu sein.

Der Tag vergeht, fließend. Zur Zeit des Nachmittagsgebets wird es richtig voll. Unbeschreibliche Menschenmassen strömen hinein. Sind es Tausende? Zehntausende? Ich habe keine Ahnung. In Deutschland erzählen mir meine Söhne von Fußballspielen, wo ca. 60 000 Zuschauer zusammenkommen. Niemals habe ich solche Massen gesehen.

Und immer mehr noch strömen hinein. 100 000 Menschen vielleicht? Absolut beeindruckt sehe ich um mich. Später sagt unser Führer, dass die Moschee eineinhalb Millionen Menschen aufnehmen könne. Offizielle Angaben rangieren zwischen 680 000 und 750 000 Menschen – Zahlen, die sich meinem Vorstellungsvermögen entziehen. Einen offiziellen Einlassstopp gibt es übrigens nicht.

Als der Abend kommt, wollen wir nach Hause gehen. Allein das Herausgehen nimmt heute viel Zeit in Anspruch, die Moschee ist sehr voll. Schließlich haben wir es doch geschafft. Auch draußen ist der ganze Platz um *baitu'llah* herum so voll von Pilgern, dass es schwierig ist, voranzukommen, einen Fuß vor den anderen zu setzen, ohne auf betende Menschen zu treten. Und wieder sehen wir keinen Bus. Wir schämen uns sehr, erneut verloren gegangen zu sein und sind ganz verzweifelt über unsere Unachtsamkeit diesen notwendigen pragmatischen Dingen gegenüber. Auf einer Ebene sind wir jedoch keineswegs verloren: Wo, auf dieser materiellen Ebene des Seins, sollten wir denn hin streben wenn nicht nach *baitu'llah*? Wir sind doch schon da! Dennoch … Am Tag zuvor hatten wir eine sehr schlimme Geschichte gehört: Zwei türkische Paare waren in ein Taxi gestiegen. Das Auto sprang nicht an und der Fahrer bat die beiden Herren, anzuschieben. Kaum waren sie draußen, fuhr er mit den Frauen davon. Man fand sie zwei Tage später, in einem Außenbezirk Mekkas, in entsetzlicher innerer und äußerer Verfassung. Sie waren vielfach vergewaltigt worden. Für uns noch das Schlimmste an allem: Ihre Ehemänner distanzierten sich von ihnen wegen ihres „unzüchtigen Verhaltens“. Eine versuchte, Suizid zu begehen. Andere Frauen verhinderten die Verzweiflungstat. Beide wurden nach Deutschland ausgeflogen, in die Psychiatrie einer Uniklinik. Die Ehemänner verblieben in

Mekka, um die für den Hadsch erforderlichen Rituale zu absolvieren und dann als hoch geachtete Muslime in ihre jeweiligen Gemeinden zurückzukehren …

4. Tag des Hadsch

Gegen 4:30 Uhr stehen wir zum Morgengebet auf. Mit 34 anderen Frauen ein Bad zu teilen ist nicht leicht, aber eine exzellente Übung in Geduld und Rücksichtnahme. Es gibt immer wieder Geschimpfe und Geschrei, da einige dieses einzige gemeinsame Bad abschließen und dann in aller Seelenruhe z.B. Wäsche waschen, während andere dringend auf die Toilette müssen und wieder andere die Waschungen fürs Gebet vollziehen wollen. Irgendeine kommt dann meist zum Schlichten und erinnert uns alle daran, dass wir doch Hadschas seien …

Irgendwie schaffen wir es dennoch, um 5:00 Uhr im Bus zu sitzen. Es geht zu den heiligen Stätten, an denen der eigentliche Hadsch vollzogen werden wird: Arafat, Dschabl al Nur; Muzdalifa etc. Außer unserem Bus sind viele andere da. Dass es dennoch relativ leer ist, werden wir erst nach der Hadsch beurteilen können. So können wir zunächst die geschichtsträchtigen Stätten in – relativer! – Ruhe auf uns wirken lassen, bevor wir hier in einigen Tagen mit Millionen anderer die Rituale vollziehen werden. Alles ist karg und schattenlos, eine ganz eigenartige Landschaft. Die unzähligen, teils sehr aufdringlichen Bettler verhindern jedoch ein Nach-innen-Gehen. Noch nie im Leben habe ich so viele entsetzlich verunstaltete Menschen gesehen. Von stärksten körperlichen Missbildungen über unbeschreibliche Hauterkrankungen bis hin zu fehlenden Gliedmaßen ist alles vorhanden. Vielen – auch Frauen –

fehlen eine oder beide Hände: Diebe, sagt man, die solcherart bestraft worden sind. Auffällig, wie viele Kinder unter den Bettlern sind, meist mit zumindest einem verstümmelten Körperteil.

Das offensichtliche Elend nimmt uns in seinen Bann und wir teilen in alle Richtungen Almosen aus. Unser Führer rät uns ab: Es handele sich zum größten Teil um professionell organisierte Bettler, die jährlich für das Geschäft des Hadsch eingeflogen würden. Der seit Jahren erfolgreichste komme aus der Türkei, aus Kütahya: ein Liliputaner mit Buckel und Wasserkopf. Diese Kombination brächte die meisten Spenden ein, er sei der absolute Hit ... Die vielen verunstalteten Kinder dagegen wären meist von den eigenen Eltern schon im Babyalter verstümmelt worden, um später ein Auskommen zu haben: einen berechtigten Platz in der Bettlerzunft. Es ist alles ziemlich unfassbar. Durch unsere gut gemeinten Spenden, sagt er uns, würden wir zur Fortführung dieser Praktiken beitragen. In unseren Logements stünden Boxen bereit. Das dort deponierte Geld würde dann von örtlichen karitativen Organisationen gezielt für eine langfristige Verbesserung dieser Zustände eingesetzt werden, z.B. für die Schul- und Berufsausbildung der Kinder armer Familien. Das leuchtet uns zwar ein, dennoch ist es sehr schwer, an all diesen ausgestreckten Händen des Elends einfach so vorbeizugehen. Einer in unserer Gruppe meint, wir hätten solch einen Drang zum Geben, um uns freizukaufen, unser eigenes Gewissen zum Schweigen zu bringen.

Am späten Vormittag, bevor die große Hitze beginnt, sind wir wieder in unserem Logement und erhaschen einige Stunden Schlaf. Dann werden wir von Mehmet Bey und seiner Frau Meliha abgeholt, Freunden von Mübeccel, die derzeit ihre schon vierte Hadsch machen und sich dementsprechend gut auskennen. Zusammen gehen wir wieder zu *baitu'llah*. Mehmet setzt uns drei in der Frauenabteilung ab. Wir verbringen den Tag in Gebet und der Betrachtung der *ka'aba*, von der wir einfach nicht genug kriegen können. Es wird wieder sehr eng und immer wieder werden wir von anderen Frauen verbal angegriffen: Unsere Kopftücher seien zu transparent, die Gewänder zu kurz, die Fingernägel zu lang … Selbsternannte Expertinnen der Äußerlichkeiten, manche wohlwollend besorgt, manche fast aggressiv kritisch. Aber es gibt auch viele schöne, tief gehende Begegnungen mit den fremden Schwestern: ein erstes scheues Lächeln, ein Verstehen, dass man sich verbal nicht versteht, ein längerer Augenkontakt, eine stille Umarmung.

Langsam vergeht der Tag. Überall gibt es Stellen, an denen wir unsere kleinen Thermosflaschen mit gekühltem *Zem zem*-Wasser auffüllen können. Man soll davon so viel wie möglich trinken – was wir auch tun. Interessanterweise müssen wir dennoch kaum auf die Toilette. Am Ausschwitzen kann es nicht liegen, *baitu'llah* ist, obwohl im Freien – also ohne Wände –, durchgehend klimatisiert – unter dem Marmorboden zirkuliert kaltes Wasser – und angenehm kühl. Mehmet sagt, dies sei eine der besonderen Eigenschaften des heiligen Wassers: Der Körper würde es fast ganz absorbieren.

Für mich ist die schönste Zeit die Abenddämmerung. Ich unterbreche meine Gebete und betrachte den Himmel: „Die Zeichen liegen in der Natur“, sagt der Koran immer wieder. Von einem leuchtenden Porzellanblau geht der Himmel zunächst in ein zartes, weißliches Blau über, bevor es dunkel wird. Rings um die Anlage herum gehen die riesigen grünlich-weißen Flutlichter an; die jetzt erleuchteten Minarette recken sich als schlanke Silhouetten empor. Drinnen spenden unzählige prachtvolle Kronleuchter ein warmes, gelbliches Licht. Das ständige Surren der vielen Ventilatoren bildet eine sanfte Geräuschkulisse.

Im Abendgebet, gleich anschließend an die *fatiha* – die erste Surah des Korans, von der man sagt, dass sie alle anderen Surahs in sich enthält –, ein ganz eindringlicher, eigenartiger Klang: Fast wie das Summen eines Bienenvolks schwillt es an, erhebt sich wie eine riesige Welle, verhält einen schwebenden, wie zeitlosen Moment, um wieder abzuklingen. Als ich es zum ersten Mal hörte, habe ich es zunächst gar nicht einordnen können; es dauert einen Augenblick, bis ich erkenne, was es ist: *„amin"*, d.h. „Amen", aus ca. einer Million Kehlen ... Ein unbeschreiblicher Klang, auf den ich zu warten beginne, der mich ganz erfüllt, dessen Vibration ich in meinem gesamten Sein wahrnehme. Dieser Klang und der Anblick von vielen hunderttausend Körpern, die sich in einem einzigen Rhythmus beugen, bringen mich jedesmal wieder an den Rand der Tränen.

In meine verinnerlichte Stimmung hinein dringen – wie jeden Tag – die Verse für das Totengebet. Heute, – hören wir später –, sind u.a. vier türkische Pilger umgekommen: Sie sind an der Wand der *ka'aba* zerquetscht worden, als sie trotz des Gedränges und entgegen aller Warnungen versuchten, den Schwarzen Stein zu erreichen.

Nach dem Gebet holt Mehmet uns ab. Zunächst gehen wir zum eigentlichen *Zem zem*-Brunnen, um die Waschungen zu vollziehen und wieder einmal zu trinken, soviel wir können. Sogar unsere Tücher tränken wir in dem wertvollen Nass. Ich bitte um das Überwinden des Egos, des *nafs*. Zwischendurch bete ich immer wieder für meine Lieben zu Hause, für meine Familie, Freunde, meine Patienten, meinen zweiten Ehemann, für die Welt an sich. Wir folgen

Mehmet durch die Massen, um den *tawwaf* zu vollziehen. Plötzlich nehme ich wieder diesen ganz besonderen, eigenartigen, unbeschreiblichen Geruch wahr, den Duft des Schwarzen Steins. Ich frage Mehmet, ob er weiß, wo man die Essenz dieses Dufts kaufen kann. Er hält inne, fragt mich, was ich rieche. Ich erkläre es ihm, er wirkt überrascht, berührt. „Wer diesen Duft wahrnehmen kann, dem ist das Paradies gewiss“, sagt er. Er fragt die beiden anderen, ob sie es auch riechen. Sie verneinen. Mübeccel stellt ihm dieselbe Frage. Er schüttelt sacht den Kopf, seine Augen werden feucht, während er mich still ansieht. Ich fühle mich beschämt, es ist mir peinlich, dass sie alle nun zu viel in mir sehen.

Und weiter gehen wir, gehen, gehen ... Gegen zwei Uhr morgens sind wir wieder bei unseren Logements, trinken noch einen Tee in dem gemütlichen türkischen Restaurant gegenüber. Wir fühlen uns schon heimisch dort. Es hat ein fast mediterranes Flair, mit all den bunten Glühbirnchen in den dicht belaubten Bäumen. Wieder sind wir erst kurz vor dem Morgengebet im Bett. Es ist erstaunlich, wie eigentlich alle Welt fast ohne Schlaf auskommt. Wir befinden uns tatsächlich in einem Ausnahmezustand, seelisch, körperlich, überhaupt.

5. Tag des Hadsch

Dennoch bleierne Müdigkeit, als schon bald darauf der *adhan*, der Ruf zum Gebet, uns weckt. Um 5:30 Uhr bringt unser Bus uns an weitere heilige Stätten: Wir sehen die Stelle, an der das Geburtshaus Muhammads (s. a.) einmal gestanden hat. Dann die so genannte „Moschee der Dschinn“, wo besagte Dschinnen, also Geistwesen, einst erschienen waren, um sich den Koran lehren zu lassen. Schließlich der Friedhof, auf dem viele der Menschen begraben sind, die dem Propheten (s. a.) am nächsten standen, u. a. seine erste Frau Hadidscha, eine seiner treuesten Gefährtinnen bis zu ihrem Tod. Sie stand ihm unermüdlich zur Seite, war sein stärkster Rückhalt in der so schwierigen Anfangsphase der islamischen Frühzeit. Die erfolgreiche Geschäftsfrau, Inbegriff einer emanzipierten Frau, hatte übrigens damals um ihn angehalten, den ca. 20 Jahre jüngeren Angestellten, der sie durch seinen hervorragenden Charakter beeindruckt hatte. Immer wieder standen Muhammad (s. a.) und seine anfangs noch nicht so zahlreichen Glaubensgefährten vor ungeheuren Herausforderungen. „Sogar die Höchstentwickelten werden geprüft, wieder und wieder", sagt jemand, „worüber sollen wir uns da beklagen?"

Heute in den frühen Morgenstunden hat es geregnet. „Rahmet yagiyor", „Barmherzigkeit kommt hernieder", wie es in der Türkei heißt. Leider hat die für ein trockenes Land sicherlich zu Recht so benannte Flut die Straßen in ein schillerndes Ölmeer verwandelt. Mit jedem Schritt, mit jedem dicht vorbeifahrenden Auto, werden unsere Gewänder bespritzt. Schließlich sind wir vom Saum bis zum Hals gesprenkelt.

Den Nachmittag verbringen wir mit Gebet und *dhikr* in unserem Zimmer. Dann geht's wieder zu *baitu'llah*. Jeden Tag, den es näher auf die Zeit des eigentlichen Hadsch zugeht, strömen weitere Pilgerscharen aus der gesamten islamischen Welt in die Stadt. Und alle wollen zu *baitu'llah*, wollen, genau wie ja auch wir, *tawwaf* und *sa'i* vollziehen, ein Plätzchen auf dem kühlen Marmor zum Gebet ergattern. So wird es immer noch enger, voller, als man sich überhaupt vorstellen kann. Unten ist die Umkreisung der *ka'aba* kaum noch möglich. So versuchen wir unser Glück auf der Balustrade im ersten Stock. Es geht etwas besser. Dafür ist der Umfang hier nun so viel größer, dass die sieben Umrundungen, die einen *tawwaf* ausmachen, jetzt fast sechs Kilometer bedeuten.[7] Manchmal ist der unablässige Strom der Pilger im Fluss, manchmal staut sich alles und es geht weder vor noch zurück, wie eben im Strom des Lebens selbst. Und wie im Leben sonst auch, sind einige schüchtern, einige drängeln, teils sogar aggressiv, während wieder andere sich um die bemühen, die stolpern und fallen. „Sie stehen nicht im Stau, Sie sind der Stau“, geht es mir durch den Kopf.

Es ist inzwischen so voll, dass es nach dem Gebet ganze 45 Minuten dauert, bis wir uns aus der großen Moschee herausgekämpft haben. Selbst beim Gebet herrscht jetzt engster Körperkontakt. Bei der Beugung berührt das Gesicht fast die Füße des Vordermannes. Interessanterweise riecht keiner nach Schweiß, trotz der Hitze und den sicherlich für viele begrenzten Waschmöglichkeiten. „Auch das liegt am *Zem zem*-Wasser“, sagt Mehmet. Immer wieder spüre ich eine gewisse Skepsis, wenn alle Welt sich hier so unbefangen über die vielen kleinen Wunder austauscht. Später auf unserer Reise, in Medina, wo das Trinken dieser aus Mekka dorthin exportierten heiligen Flüssigkeit nur noch begrenzt möglich ist, fängt tatsächlich der Schweißgeruch bei vielen wieder an. Ein weiteres Wunder, auf das man uns hinweist: Die unzähligen Tauben der Moschee, die frei durch all die wandlosen Säulenhallen fliegen, setzen sich niemals auf die *ka'aba* selbst. Das schwarze, reich mit Kalligraphien bestickte große Tuch, das diese einhüllt, ist tatsächlich frei von Vogelkot, makellos.

6. Tag des Hadsch

Gestern abend war „*schaitan* – der Teufel – in unser Zimmer gekommen, um uns zu versuchen“, wie Mübeccel sich ausdrückt. Die anderen Frauen, die den Raum mit uns teilen, kamen vom Shopping zurück. Es ist an der Zeit, Mitbringsel für die Verwandten, Freunde und Bekannten zu erstehen, die sie zu Hause als frisch gebackene Hadschas in Empfang nehmen werden. Es gilt, sich für die vielen Geschenke zu revanchieren, die einige schon Monate vor Antritt der Pilgerfahrt erhalten hatten. Und so wird ausgepackt, es werden Preise verglichen, gute Adressen ausgetauscht. Auch Mübeccel und ich setzen uns dazu und bewundern die Berge von Einkäufen. Die Gespräche drehen sich um ganz weltliche Dinge: Streit mit der Schwägerin, die bevorstehende Hochzeit der Nichte, der Kuraufenthalt des Bruders …

Andere Frauen auf unserer Etage haben Teekessel und kleine Gaskocher gekauft. Überall hocken sie auf dem mit leicht entzündlichem Nylonteppich bedeckten Boden und kochen vor sich hin. Ein wackeliger Aufbau: Gasbombe mit Feueraufsatz, darauf ein großer Kessel für das Wasser, darauf balanciert, nach dem uralten Samovarprinzip, ein kleinerer Topf mit dem Tee-Extrakt. Das Ganze würde wohl kaum den Sicherheitsbestimmungen irgendeines Landes entsprechen. Und im Falle eines Brandes sieht es nicht sehr vielversprechend aus: Das zehnstöckige Gebäude hat keine Feuerleitern, keine Notausgänge. Der enge Treppenschacht ist permanent verstopft, teils durch all die Gepäckstücke, die in den Schlafräumen keinen Platz finden, teils durch Mitpilger. Mübeccel und ich kennen uns inzwischen gut aus: Wir nehmen zur Verwunderung der anderen Frauen nie die überfüllten, oft steckenbleibenden Fahrstühle. Wir laufen lieber die vielen Treppen zu unserem siebten Stock auf und ab. Aber ich bin offensichtlich die Einzige, der die Brandgefahr überhaupt in den Sinn kommt. Wieder eine Gelegenheit, Vertrauen zu praktizieren! (Im folgenden Jahr gab es ja tatsächlich den Großbrand auf dem Hadsch, den ich befürchtet hatte ... wenn auch draußen, in der Zeltstadt von Arafat, wo dennoch für so viele ein Entkommen nicht möglich war.)

Frauen aus dem Nachbarzimmer kommen samt besagtem Teekocher und Einkäufen auf unser Zimmer zu Besuch. High life die ganze Nacht hindurch. Ich versuche ab und zu, mich auszuklinken, zu Gebet und *dhikr* nach innen zu gehen. Es gelingt nur mäßig. Mübeccel geht es ähnlich. Außerdem hat dieses fast archaisch anmutende Zusammensein mit den anderen Frauen auch eine gewisse Anziehungskraft, der wir zwischendurch immer wieder nachgeben. Kurz vor 3:00 Uhr morgens kehrt schließlich Ruhe ein. Die ist aber auch relativ, da eine von den Frauen entsetzlich laut schnarcht. „Wie ein Mann“, kommentieren die anderen. Dennoch, die Erschöpfung ist inzwischen so groß, dass wir trotz allem einschlafen.

Geweckt werden wir mit Geschrei: „Was für Hadschas seid ihr, Schwestern? Alle liegt ihr in den Betten während der Gebetszeit! Steht auf, steht auf, tretet vor Gott!“ Vor uns steht eine Frau aus einem der Nachbarzimmer, voll von gerechtem Zorn. Beschämt drängen wir uns um das kleine Waschbecken und die Wanne, um die Waschungen für das verpasste Morgengebet nachzuholen. Wir hatten vor Müdigkeit alle sieben nicht nur den ziemlich lauten *adhan*, sondern auch unsere diversen Wecker überhört ... „Ja“, meint Mübeccel, „so ist der *schaitan*. Wir sind seiner Versuchung unterlegen. Gespräche, Einkäufe, Tee statt Gebet und durchwachter Nächte."

Da wir schon einmal auf sind, gehen Mübeccel und ich wieder zu *baitu'llah*. Man denkt immer, dass es eigentlich nicht noch voller werden kann. Diesmal brauchen wir fast eine Stunde, nur um hineinzukommen und zu erkennen, dass es tatsächlich nicht den kleinsten, allerkleinsten Raum mehr gibt, sich zum Gebet niederzulassen. Die anderen Frauen sind schon so eng zusammengepresst, keine Maus würde mehr dazwischen passen. So verbringen wir fast eine weitere Stunde, um unverrichteter Dinge wieder hinauszugelangen. Auch auf den Straßen, im gesamten Stadtviertel, ist jedes Fleckchen durch Zeitungspapier, zerrissene Pappkartons etc. zu einer Gebetsfläche umfunktioniert worden. Hier finden auch wir schließlich Raum unter den Millionen Pilgern, die *baitu'llah* nicht mehr fasst. So verbringen wir das Mittagsgebet in der gleißenden, prallen Sonne Saudi-Arabiens. Im Schatten sei es zur Mittagszeit über 40° C warm, sagen uns andere Pilger, in der Sonne, wie jetzt, sollen die Temperaturen 50–70° C erreichen. Kaum zu glauben. Ich hatte in diesem Wüstenland eigentlich mit einer trockenen Hitze gerechnet, wie ich sie aus Texas oder Arizona kenne. Zu meiner Verwunderung ist es hier einigermaßen feucht. Zum Glück sind weder Mübeccel noch ich übermäßig hitzeempfindlich. So geht es dort draußen ganz gut. Da es auch nach dem Gebet aussichtlos erscheint, drinnen ein Plätzchen zu ergattern, kehren wir zu unserem Logement zurück und beschäftigen uns den Rest des Tages mit Gebet, *dhikr* und Koranlesen auf unseren Matratzen.

Die „Mekkanische Krankheit“

7. Tag des Hadsch

Nach dem Morgengebet schlafen wir wieder ein. Mir geht es nicht gut; die „Mekkanische Krankheit“ scheint nun auch mich erwischt zu haben. Draußen, in der Hitze, schwitzt es sich leicht. Drinnen bläst die Klimaanlage, verstärkt durch die Deckenventilatoren, eisig auf uns herab. Eine junge Frau in unserem Zimmer hustet schon seit Tagen stark, klagt über Fieber und Kopfschmerz. Unten in der Eingangshalle ist die gesamte Fensterbank mit Medikamentenschachteln zugebaut. Antibiotika werden für und gegen alles Mögliche freigebig verteilt.

Eine Frau weckt uns und kündigt Mehmet an. Er treibt uns zur Eile: Es ist 6:45 Uhr und um 7:00 Uhr geht der letzte Bus zum *haram*-Bezirk. Danach wird der Verkehr im gesamten heiligen Bereich für drei Tage gesperrt. Wir schaffen es gerade noch, machen *tawwaf*, halten uns aneinander fest, um uns in dem unglaublichen Gedränge nicht zu verlieren. Mübeccel hatte seit Tagen darauf gehofft, die Umrundungen der *ka'aba* wieder unter männlicher Führung absolvieren zu dürfen. Unter den Pilgern ist das weibliche Element zwar stark vertreten, aber Frauen alleine sehen wir außer uns beiden eigentlich nicht. So gefällt es uns, Mehmet folgend die Verantwortung einem Mann zu überlassen, Kreise ziehend unsere Gebete zu reziteren, einfach einen Fuß vor den anderen zu setzen.

Auf einmal befinden wir uns direkt vor dem *maqam Ibrahim:* ein kleines Glasgehäuse, das über einem Stein mit einem Fußabdruck errichtet ist, die Spur des Propheten Ibrahim, hinterlassen, als er die *ka'aba* aufbaute. Da der *maqam Ibrahim* eines der wichtigsten Heiligtümer im *baitu'llah*-Bereich ist, ist der Andrang, dorthin zu gelangen, fast ebenso groß wie der bei der *ka'aba* selbst. Man hatte uns eindringlich gewarnt, dies gar nicht erst zu versuchen, es könne – wie wir ja auch am ersten Tag gehört hatten – lebensgefährlich sein, selbst für kräftige, junge Männer. So fassen wir es nun kaum, auf einmal genau dort zu stehen, das Glas kurz berühren zu können. Dann, wie eine Brandungswelle, spült die Masse der Pilger uns weiter.

Weiter und weiter gehen wir, kreisend, kreisend. Auf einmal ändert Mehmet wieder den Rhythmus, drängt, wie von einem plötzlichen Impuls getrieben, nach links, zieht uns drei an ihm hängende Frauen mit und – wir sind an der Wand der *ka'aba*! Wir berühren die alten rauen Steine, schmiegen unsere Gesichter an die sonnenheiße Fläche, reiben, der Tradition gemäß, unsere Tücher daran, alles in Sekunden, bevor der menschliche Strom uns wieder hinwegwäscht, so wie eine Woge über den Strand. Weiter und weiter geht es, einen Fuß vor den anderen. Wenn es so eng wird, dass wir befürchten, durch den Druck der vielen Körper keine Luft mehr zu bekommen, rufen wir *„la ilahe illallah, la ilahe illallah …"*, „Es gibt keinen Gott außer dem einzigen Gott",[8] und weiter geht's.

Dieses Trance-gleiche Gefühl der Zeitlosigkeit wird erneut durchbrochen durch eine unerwartete Richtungsänderung von Mehmet: Direkt vor uns liegt der Eingang zum *hidschr.* Das ist ein durch eine halbmondförmige hüfthohe Mauer abgegrenzter, relativ kleiner Bereich, der an eine Seite der *ka'aba* grenzt. Wenn man sich innerhalb dieser Mauer befindet, sei es so, als befände man sich in der *ka'aba* selbst, wird ein Ausspruch A'ishas, der späteren Lieblingsfrau des Propheten (s. a.), überliefert. Wir sind jetzt direkt davor, knapp eine Armeslänge entfernt. Dennoch scheint es fast unmöglich, durch die Öffnung in der Mauer hineinzugelangen, so eng drängen sich die Massen davor, versuchen vergeblich, sich festzuklammern, nur um durch den gewaltigen Menschenstrom dennoch fortgespült zu werden. Plötzlich entwickelt der über 60-jährige Mehmet ungeahnte Kräfte: Mit einer Hand sich gegen die Öffnung stemmend, stößt er eine von uns Frauen nach der anderen auf die Öffnung zu, schreit uns zu, wir sollen uns einhaken. Zwei andere Männer wollen uns zur Seite drängen, Mehmet beschimpft sie, wird handgreiflich. Mübeccel schreit voller Entsetzen über solche Handlungen an diesem so heiligen Ort: „Mehmet, Mehmet, der *schaitan* ist bei dir! Lass nach, lass nach!“ Aber auch zurück geht es nicht mehr, auf einmal wird es für einen Moment so eng, dass wir nun tatsächlich zu ersticken glauben, fühlen, dass jetzt das Schicksal des Zerquetschwerdens auch uns getroffen hat, als sich, ganz plötzlich, alles löst und weitet. So unvermittelt und unerwartet wie wohl der Austritt aus einem Geburtskanal ans Licht.

Wir befinden uns nun innerhalb dieses halbmondförmigen freien Raumes und es herrscht eine fast unheimliche Stille, wie im Auge des Sturms. Wir verrichten zwei Gebetseinheiten zum Dank für dieses unverhoffte Geschenk, schmiegen uns dann in aller Ruhe an die warme Mauer der *ka'aba*, reiben wieder unsere Tücher an den uralten Steinen. Mübeccel sagt, sie würde ihres nie wieder waschen, würde es an ihre Töchter und Enkel weitergeben. Meliha meint, wir sollten es mit ins Grab nehmen. Ich habe das meine später meiner Tochter Amina mitgegeben, als sie per Fahrrad 6000 Kilometer durch Afrika fuhr.

Irgendwie gelangen wir wieder nach draußen, werden absorbiert vom Menschenstrom, werden wie zu kleinen Zellen eines unglaublich viel größeren Gesamtorganismus. Herum und herum geht es im Kreis, alle wie *ein* Körper, wie ein einziges, zielgerichtetes Sein. Ein Körper, oft in Harmonie, im Fluss mit sich selbst, nur um immer wieder aus dieser Harmonie herauszufallen. Immer wieder entstehen in diesem Strom Blockaden, die fast wie wild wuchernde Krebszellen aus der glatten Interaktion der gesunden Zellen hervorstechen. Die Tumore dieses großen Körpers bestehen aus aggressiven, ichbezogenen Handlungen, aus einem „Aus-dem-Weg-Drängen" des anderen, auf dem Versuch, auf Kosten des Nächst-Schwächeren voranzukommen. So traurig und nachdenklich uns dieses allzu menschliche, unheilige Verhalten an diesen heiligen Stätten auch macht, ist es doch nur ein Mikrokosmos des Lebens selbst, spiegelt uns nur unsere eigenen Schwächen in Gestalt des anderen wider.

Aus einer anderen Perspektive betrachtet ist es sogar erstaunlich, wie relativ ruhig und friedlich alles abläuft. Sind hier doch Millionen von Menschen verschiedenster Ethnien und Nationen auf kleinstem Raum, unter absoluten Ausnahmebedingungen versammelt: ein Marathon physischer und psychischer Belastung.

Übergroßer Andrang im heiligen Bezirk ist übrigens kein neuzeitliches Phänomen. So schrieb Ibn Dschubair: „Das Gedränge dieser Menschen, die Weise, wie sie sich auf die edle Tür [der Ka'aba] warfen, ihre Zusammenstöße, das Schwimmen einiger auf den Köpfen der anderen, als seien sie im Wasser, war etwas, was niemals schrecklicher anzusehen gewesen war. Leben wurde vernichtet und Glieder gebrochen. Während alledem waren sie unachtsam und ruhten niemals. Wie Motten auf eine Lampe warfen sie sich auf die Ka'aba in einem Überschuss von Bewegtheit und Kraft. [...] Gelegentlich mischte sich eine Gruppe von Frauen in das Gedränge und kam mit ‚brennender Haut‘ heraus, gerötet durch die Quetschungen eines Kampfes, der durch Emotion und Ekstase entfacht wird.“ [9]

Weiter und weiter gehen wir, immer im Kreis, immer links herum in Richtung des Herzens. Einander fremde Männer- und Frauenkörper, aufs Dichteste aneinander gepresst, die Männer ganz und gar nackt unter ihren zwei dünnen Tüchern. Sicherlich einmalig in der gesamten, sonst so sehr auf Geschlechtertrennung bedachten, islamischen Welt. Ich klammere mich an Mübeccel, sie und Meliha hängen an Mehmet. Ich habe keine Ahnung, wieviele *tawwafs* wir vollziehen, auch keinerlei Bedürfnis, dies zu wissen, bin es zufrieden, einfach alles Äußere Mehmet zu überlassen, Mehmet und dem Strom der Mitpilger, stellvertretend für das Leben selbst. Ich versuche, eine bewusste Hingabe zu praktizieren, so wie wir es an das Göttliche Sein zu tun bemüht sind. Wie oft vergessen wir das? Denken immer wieder, wir hätten alles im Griff, wenn wir nur dies und jenes beachteten, uns dort mehr einsetzten, hier besser planten und und und ...

Dieser Hadsch ist eine bewusste Hingabe an das Leben, in all seiner inhärenten Unberechenbarkeit, in seinem größten und lebendigsten Durcheinander, Miteinander. Im Vergleich zur stillen Zurückgezogenheit der spirituellen Übung des *halvet*[10] ist dies das komplementäre Gegenstück: wie Yin zu Yang, *dschamal* (Schönheit) zu *dschalal* (Erhabenheit), innen zu außen: sich gegenseitig ergänzend den jeweils anderen Pol definierend.

Irgendwann verkündet Mehmet, dass wir nun ausreichend *tawwaf* gemacht haben. Wir vollziehen noch zwei abschließende Gebetseinheiten. Die *ka'aba* liegt direkt vor uns, so trutzig, zuverlässig, eine unbeschreibliche Gelassenheit, Ruhe, Permanenz ausstrahlend. Wieder kommen mir die Tränen bei dieser Betrachtung: „Nie wieder will ich dich verlassen", geht es mir durch den Sinn. Dafür gibt es aber nur einen Weg: den der Verinnerlichung des Herzens, um nie wieder loszulassen: „Wenn du Gott suchst, suche Ihn im eigenen Herzen nur – Er ist nicht in Jerusalem, in Mekka, noch im Hadsch."[11] Und das ist nur möglich, wenn meine *nafs,* mein Ego, verschwindet, aufgeht in dem „blank polierten Herzensspiegel der Nicht-Existenz", wie es in der Terminologie des Sufitums heißt, der mystischen Richtung des Islam. Um etwas so Gewaltiges wie die *ka'aba* im Herzen zu bergen, muss das selbstbezogene Selbst verschwinden, muss das Selbst bereit sein, stattdessen von der *ka'aba*, von dem, für das sie steht, vereinnahmt, verschlungen zu werden.

Mehmet hat uns drei wieder in der Frauenabteilung abgesetzt. Mir wird immer elender: Ich habe starkes Kopfweh, zittere, jedes Härchen auf der Hautoberfläche scheint zu schmerzen. Ich fühle einen Anstieg des Fiebers, möchte gerne zurück auf meine Matratze in den Logements. Das geht aber nicht. Inzwischen verkehren keine öffentlichen Transportmittel mehr, zu Fuß ist es zu weit und ein Taxi für Frauen alleine gilt ja als zu gefährlich. So lege ich mich hin, schmiege mein brennendes Gesicht und meinen Körper an den kühlen, schönen Marmorboden. Es ist wieder sehr voll, ab und zu treten andere Frauen auf mich, eine setzt sich beinahe auf meinen Kopf. Mübeccel gießt von Zeit zu Zeit *Zem zem*-Wasser über mich und meine Gewänder. Durch mein Unwohlsein fällt mir jedoch das Beten für die Armen, Schwachen und Kranken dieser Welt leichter, kommt einfach so aus mir heraus.

Irgendwann erscheint Mehmet wieder, um nach uns zu schauen. Die beiden anderen meinen, er solle mich zu den Logements bringen. Er denkt aber, direkt in *baitu'llah* zu sein wäre die beste Medizin. Er geht, kommt bald darauf mit zwei Aspirin wieder. Ein heiligmäßiger Mann, der schon seit vier Monaten hier auf dem Marmorfußboden des *haram* lebt, in Fasten und Gebet versunken, habe sie ihm für mich gegeben. Ich schlucke sie mit Dankbarkeit und *Zem zem*-Wasser und fühle mich bald wieder besser, sodass ich die Gebete im Sitzen fortsetzen kann. Später vollziehen wir erneut *tawwaf* um *tawwaf*, bis die etwas behäbige Meliha keinen Fuß mehr vor den anderen setzen kann. Nachts berichten wir den anderen Frauen in unserem Zimmer von all den Wundern, die uns heute geschehen sind: der *maqam Ibrahim*, die Mauer der *ka'aba*, das Gebet im *hidschr* … Die Präsenz eines Mannes habe das bewirkt, meint Mübeccel. Er habe allerdings einen hohen Preis dafür gezahlt, wäre zeitweise der Versuchung des *schaitan* erlegen. Möge Allah ihm vergeben, er tat es nicht aus Eigennutz, sagt sie.

8. Tag des Hadsch

Ich kann mich nur mühsam für das Morgengebet aus dem Bett, d. h. von der Matratze, schleppen. Mein Kopf scheint zu bersten, ich habe starkes Halsweh, Schluckbeschwerden, unaufhörlichen Husten, Gliederschmerzen, Schüttelfrost. Alle meine eigenen Medikamente sowie die von der Fensterbank unten bringen kaum Linderung. Antibiotika will ich nicht nehmen. Jedenfalls kann ich liegen. Zu *baitu'llah* gibt es keine Verkehrsmittel mehr und es soll so überfüllt sein, dass auch ein Fußmarsch sinnlos ist: Man kommt nicht mehr hinein, jetzt, wo die Kerntage des Hadsch unmittelbar bevorstehen. So ruhe ich, nutze die Zeit der Stille zu Gebet und Meditation.

Der Tag von Arafat

Abends ist es dann soweit, wir werden hinuntergerufen. Nach einer weiteren Stunde des Wartens ist unser Bus da. Millimeter um Millimeter kommen wir voran, ein Rädchen in dem unüberschaubaren, unermesslichen Räderwerk des Stroms der anderen Busse, Lkws, Minibusse aus aller Herren Länder, die uns, ca. zweieinhalb bis drei Millionen Menschen, nach Arafat transportieren. Teils sind die Fahrzeuge nicht nur bis unters Dach beladen, nein, die Passagiere sitzen auch noch auf den Dächern! Und einige der Fahrzeuge sehen so klapprig aus, dass man ihnen eigentlich keine weiteren hundert Meter mehr zutraut. Dabei weisen ihre Nummernschilder sie als Veteranen aus, die den ganzen Weg von Bosnien, Anatolien oder Kasachstan hierher geschafft haben …

Irgendwo steigen wir aus, marschieren dann noch eine halbe Stunde. Jeder Schritt fällt mir schwer, alles tut mir weh, ich bin wohl vom Fieber ziemlich geschwächt. Dann haben wir unseren Platz im Lager erreicht. Millionen von Menschen in Zelten, unüberschaubar. Unseres ist eine lockere Konstruktion aus Zeltdächern, an allen Seiten offen. Es ist schon randvoll von Frauen. Ich kann mir nicht vorstellen, dass wir hier auch noch hineinpassen sollen. Dennoch – wir müssen. Mir geht es immer schlechter, ich möchte mich nur noch ausstrecken auf meiner kleinen, dünnen Strohmatte („Hajj Mat, made in Japan“, steht darauf). Irgendwo finde ich ein ganz kleines Plätzchen: Mein

Kopf in der Kniebeuge einer Frau, in meiner Magengrube die Füße einer anderen, an meinen Rücken geschmiegt der nächste Bauch.

Mir geht es inzwischen ganz erbärmlich und ich frage mich, was es denn in Deutschland überhaupt zu jammern gibt, wenn man zwar krank ist, sich aber jedenfalls ausstrecken kann? Was gibt es überhaupt je für einen Grund zu jammern? Wie sind wir doch verwöhnt in den westlichen Ländern. Was ich jetzt als Ausnahmesituation erlebe, ist für die Menschen auf den Straßen Kalkuttas beispielsweise sicherlich alltäglich. Eine der Frauen stimmt *ilahis* an, schlichte, gesungene Hymnen, die dann in *dhikrs* übergehen. Die meisten fallen mit ein, die Stimmung steigt. Gerne würde ich mitmachen, fühle mich inzwischen jedoch so schwach, dass alles, was ich tun kann, Zuhören ist. Ich muss wohl eingeschlafen sein, jedenfalls weckt mich Mübeccel: „Geh schnell die Waschungen vollziehen“, sagt sie, „bald geht die Sonne auf!“

Das ist allerdings leichter gesagt als getan. Die Toiletten sind Gruben, umgeben von Zeltplanen, vor denen sich Trauben von Frauen drängen, hunderte pro Örtchen! Irgendwann komme ich dran, doch das Morgengebet ist längst vorbei und ich kann mich sowieso kaum noch auf den Beinen halten.

9. Tag des Hadsch

Mit der Sonne steigt auch die Hitze. Draußen stehen große Tankwagen, die riesige Eisblöcke entladen, die dann kleingehackt werden. Frauen aus unserem Zelt holen davon, so viel sie in ihre Tücher wickeln können, und verteilen unter uns allen. Man soll sich diese Eisstückchen auf den Kopf legen. Das ist sicherlich auch gegen mein Fieber ganz gut. Eine der Frauen aus unserem Logementzimmer, Rahima, ist mit ihrem deutschen Schwiegersohn Yusuf hier: ein rothaariger junger Mann um die 30. Es wird berichtet, dass er einen Hitzschlag erlitten hat und in ein Notfall-Lazarett eingeliefert worden ist. Außer ihm und mir habe ich weit und breit keine hellhäutigen Menschen unter den Pilgertüchern entdecken können. Die „Hellen", die ich sehe, sind zumeist Türken, die ja in Deutschland eher dunkel wirken. So ist alles relativ und das einzig Relevante in dieser Sache ist die individuelle Sonnen- und Hitzeempfindlichkeit. Da bin ich ziemlich resistent. Ob es daran liegt, dass ich unter der türkischen Sonne aufgewachsen bin und anschließend viele Jahre im „tiefen Süden" der USA gelebt habe? Was auch immer der Grund sein mag, mir macht die Hitze Saudi-Arabiens nicht mehr aus als meinen dunkelhäutigen Schwestern aus Pakistan oder Malaysia.

Dafür bin ich offensichlich viel lärmempfindlicher als die meisten anderen. Ruhig war es im Zeltlager von Arafat nie, wie die Aussage eines Pilgers aus dem Jahr 1841 belegt: „Die dem Berg vorgelagerte Ebene schien ein einziger Markt zu sein. Tausende von Zelten waren aufgebaut, vor ihnen loderten Feuer, und die Menschenmenge betete in religiöser Ergriffenheit. Freudenrufe, rhythmisches Händeklatschen und Trommelklang wechselten einander ab, dazwischen brüllten Kaffeehausbesitzer, röhrten etwa 20 000 Kamele, wieherten Pferde oder Esel – ein gigantisches Spektakel."[12] In unserer Zeit werden Programme über Lautsprecher ausgestrahlt, denen man nicht entkommen kann. Gegen die Gebete und *ilahis* hätte ich ja, von der enormen Lautstärke abgesehen, gar nichts einzuwenden. Die Hauptsache ist aber Parteipropaganda, Stunde um Stunde. Vom Inhalt her eher auf ein niederes Niveau hin konzipiert, wird sie nicht nur in Brüllsprache und antiquiert wirkender Demagogik vorgetragen. Nein, auch klangverzerrt ist alles. Und gnadenlos, da kein Entkommen möglich ist. Überall in dem Teil des Zeltlagers, der der Partei, mit der wir hier sind, zugeteilt ist, sieht man die Lautsprecher. Dabei ist heute der heiligste Tag des Hadsch, der des „Stehens in Arafat". Arafat, die weite Ebene, in der sich der „Berg der Barmherzigkeit" befindet. Hier sollen sich nach der Überlieferung Adam und Eva, die einander nach der Vertreibung aus dem Paradies verloren hatten, nach langer Suche wiedergefunden haben. *Wukuf,* das Stehen oder Verweilen vor Allah, gilt als zentrales Ereignis des Hadsch, gemäß dem Wort Muhammad (s. a.): „Hadsch ist Arafat." „Und du stehst nun als Wallfahrer in deinen weißen Tüchern, oder als Wallfahrerin, inmitten all dieser in weiße Tücher gehüllten Muslime und erinnerst dich vielleicht an den Koranvers: ‚Und am Tag, an dem Wir sie alle versammeln ...' und du weißt, dass damit der Tag der Auferstehung gemeint ist, wenn die Toten aus den Gräbern kommen ... ‚Und wenn du nur sehen könntest, wenn sie wartend stehen vor ihrem Herrn ...' Hier, in Arafat, während der Wallfahrt, kannst du einmal etwas davon sehen: tausende und tausende Menschen, wartend, stehend, bittend, rufend, betend, die Hände flehend erhoben, in weißen Tüchern, in gleißender Sonne, in glühender Hitze, den ganzen Tag ..." [13] Wie gerne möchte ich mich ungestört nach innen wenden! Und wieder übe ich Kritik, statt anzunehmen!

Mein bohrendes Kopfweh wird durch das Dröhnen der Lautsprecher nicht besser, dann die starken Halsschmerzen, die jeden Schluck zur Qual werden lassen, mein Fieber und die Hitze, der quälende Husten, der meine Koranrezitationen immer wieder zerreißt. Von meinen Bemühungen, mich auf den Zweck meines Hierseins zu konzentrieren, ganz zu schweigen. Viele der anderen Frauen scheinen alles auch eher als ein Picknick zu erleben: Sie essen alles Mögliche, unterhalten sich über alltägliche Dinge und freuen sich einfach, nun Hadschas zu sein. Das ist sowieso inzwischen die Standardanrede untereinander, ein langgedehntes „Hadschiiiii ...!“ Ich schäme mich für meine Be-(Ver-?)urteilung der anderen, versuche einfach, mich dennoch nach innen zu wenden. Ob es am Fieber liegt? Meine Gedanken ziehen fort, weit in die Vergangenheit zurück. Wo war der Anfang dieser Situation, in der ich mich jetzt befinde? Wie und wann bin ich auf diesen Pfad geraten? Wie und wo fängt ein Pfad an? Hat er überhaupt einen Anfang?

Damals …

Für mich begann eigentlich alles in früher Kindheit, mit der Sehnsucht nach einem Gott, der mit den Menschen spricht. Um diesen Wunsch nach direktem, lebendigem Kontakt drehten sich auch die meisten meiner Gebete. Aber ich erhielt keine Antwort, jedenfalls keine für mich erkennbare. Im Laufe der vielen vergeblichen Jahre des Betens wurde ich allmählich desillusioniert. Schließlich ging dann Gott für mich denselben Weg, den schon lange zuvor der Weihnachtsmann und der Klapperstorch gegangen waren. Das so entstandene Vakuum füllte sich mit „-ismen“: Altruismus, Humanismus, ein Flirt mit dem Kommunismus, Atheismus.

Ich war schon über 30, als sich auf einmal alles änderte. Wir waren in die Türkei gefahren, zusammen mit deutschen Freunden, denen wir u.a. das Grabmal Hz. Mevlanas[14], im Westen Rumi genannt, in Konya zeigen wollten. Dort war ich schon oft gewesen, seit meinen Teenager-Tagen. Es hatte mich immer angesprochen, u.a. der besonderen Atmosphäre wegen. Dennoch war es für mich nicht mehr und nicht weniger wichtig als eine der vielen anderen schönen Touristenattraktionen der Türkei. Ich stand vor dem Grab, las zum soundsovielten Mal die alte Inschrift: „Komm, komm, wie immer du bist, auch wenn du deine Schwüre 1000mal gebrochen hast …“, als ich mich plötzlich in einem ganz anderen Zustand wiederfand (den ich später als „transzendent“ bezeichnen werde). Ich fühlte mich direkt berührt von einer machtvollen Präsenz, die nicht auf dieser Ebene lag und dennoch lebendiger war als all die lebendigen Menschen um mich herum. Ich fühlte mich zutiefst erschüttert, auf für mich undefinierbare, unbeschreibliche Weise der gewöhnlichen Alltagsrealität entrückt.

Die Freunde berichteten mir später, dass ich auf einmal ganz starr und steif dagestanden habe. Tränen seien mir über das Gesicht gelaufen, ich sei nicht mehr ansprechbar gewesen und man habe mich auch nicht von dort wegziehen können. Ich sei vollkommen auf das Grab fixiert gewesen. Schließlich, als sich dieser Zustand löste, brachten die Freunde mich nach draußen an einen der Brunnen und gossen Wasser über mich, um mich wieder „zu mir" zu bringen. Dabei war ich in besagtem Zustand mehr „bei mir" gewesen als dies im Alltagsbewusstsein möglich ist. Aber wem konnte ich das schon erklären? Weder anderen noch mir selbst. Als Klinische Psychologin sah ich Parallelen zu Beschreibungen psychotischer Episoden. Zugleich war ich absolut überzeugt davon, nicht psychotisch zu sein. (Das sind allerdings auch alle Psychotiker ...)[15]

Ich versuchte, das Ganze einfach zu vergessen. Aber das ging nicht so leicht, war die Erfahrung doch sehr eindrücklich gewesen. Über das nächste halbe Jahr hinweg geriet ich immer wieder in ähnliche Zustände. Zwar weniger intensiv, aber dennoch ausreichend, mich nicht vergessen zu lassen. Und immer hatte irgendwie, auf eine mir nicht einsichtige Weise, Hz. Mevlana damit zu tun. Schließlich begann ich zu vermuten, dass dies spirituelle Erfahrungen waren, die in meinem atheistischen Weltbild eigentlich keinen Platz hatten. Die Religion hatte mich offensichtlich doch noch erwischt! Und dann auch noch – ausgerechnet! – in der äußeren Form des Islam. Letzteres erschien mir jedoch plausibel, war ich doch in der Türkei, einem islamischen Land, aufgewachsen. War doch über all meine Teenager-Jahre hinweg der Gebetsruf des Muezzins zur Zeit der Morgendämmerung der erste und der des Nachtgebets der letzte Klang des Tages gewesen.

Aus meiner Sicht waren alle Religionen gleichermaßen wahr, sah ich doch alle als gleichwertige Versuche der Menschheit, das prinzipiell Nicht-Fassbare zu erfassen. Ich empfand die bunte Vielfalt der Religionen als analog zu unterschiedlichen Sprachen, die dennoch alle dieselbe universelle – wenn auch nicht durch den Verstand verstehbare – Wahrheit zu kommunizieren versuchen.

Dennoch, der Islam ... In Deutschland, wo ich jetzt wieder lebte, sicherlich die am wenigsten angesehene, mit den meisten Vorurteilen behaftete Religion. Sich dazu zu bekennen, als moderne westliche Frau, als Wissenschaftlerin, war keine sehr angenehme Vorstellung. Aber, so damals meine Logik, selbst wenn all meine tief greifenden spontanen Erlebnisse anderer Ebenen bedeuteten, dass ich Muslima geworden war, so war das schließlich meine Privatsache. Die Konversion im Herzen, die mir unvermutet zugestoßen war, war ja die eigentlich gültige. Eine äußerliche Bestätigung erschien mir irrelevant, unnötig. Das Leben selbst wollte es jedoch anders, wie ich rückblickend erkannte. Schritt für Schritt, auf merkwürdigste Art und Weise, wurde ich dazu gebracht, Farbe zu bekennen. Und auch das begann eigentlich schon in meiner Kindheit: Als ich zum ersten Mal in meinem Leben arabische Schrift sah, war es Liebe auf den ersten Blick. Ich war fasziniert, entschlossen, sie zu erlernen. Das war aber für ein Kind im Schleswig-Holstein der 50er-Jahre nicht möglich. Später zogen wir zwar in die Türkei, aber dort war diese Schrift zu meinem Leidwesen schon in den 20er-Jahren abgeschafft worden. Ende der 60er-Jahre dann, als ich mit meinem ersten Ehemann in den USA lebte, ergab sich ebenfalls keine Möglichkeit. Der alte Kindheitstraum war schließlich verblasst, jedoch nicht vergessen.

Ein Jahr nach meinem transzendenten Erlebnis in Konya hörte ich, dass an der Koranschule des nordbayerischen Ortes, in dem wir inzwischen lebten, ein dreiwöchiger Kurs zum Erlernen der arabischen Schrift angeboten wurde. Ich konnte es kaum fassen, nach all diesen Jahrzehnten! Der Kursleiter war Hamdi Hodscha, der Geistliche der türkisch-islamischen Gemeinde. Ich kannte ihn gut, hatte ich doch dort schon seit längerer Zeit aus sozialem Engagement heraus Mädchen- und Frauenarbeit geleistet. Das wusste er zu schätzen. Sein Kummer war nur, dass ich nicht nur nicht Muslima, nein, als überzeugte Atheistin nicht einmal Christin war. Dennoch schätzten wir einander, hatten ein fast freundschaftliches Verhältnis entwickelt.

Zu meiner großen Verwunderung sagte Hamdi Hodscha mir, dass ich nicht an dem Kurs teilnehmen dürfe. Ich hielt dies für einen Witz. Aber Hamdi Hodscha ließ ausrichten, dass der einzige Sinn und Zweck des Erlernens dieser Schrift das Lesen des Korans sei. Und dieser solle nicht in die Hände Ungläubiger geraten, denn „niemand berührt ihn als die Gereinigten“ (Surah 56/79). Wenn ich mich zum Islam bekennen würde, könne ich teilnehmen, sagte Hamdi Hodscha. Ich erklärte mich spontan dazu bereit – was wiederum meinem Mann die Sprache verschlug. „Du willst doch wohl nicht den Islam annehmen, nur um die Schrift zu erlernen?“ Ich versuchte ihm zu erklären, dass ich im Herzen schon längst Muslima geworden war, damals, an Hz. Mevlanas Grab, dass dies somit nur eine Formalität sei, die das längst Vollzogene bestätigte.

Noch während ich die erforderlichen rituellen Waschungen vollzog und mein schönstes Kopftuch anlegte, versuchte mein Mann, mich von dieser „absurden Idee“ abzubringen. Da es ihm nicht gelang, fuhr er schließlich mit mir zur Moschee. Fast eine halbe Stunde lang wiederholte ich alles Mögliche, zunächst auf Arabisch, da im Islam nur diese Sprache spirituelle Gültigkeit hat, dann auf Türkisch, damit ich verstand, was ich bezeugte. Anschließend sagte der Hodscha: „Nach menschlichem Ermessen sind Sie jetzt Muslim. Tatsächlich ist es aber nur so, wenn Sie es in Ihrem Herzen bestätigen. Und das weiß Allah allein.“ Und er gab mir meinen islamischen Namen: Aziza Mihriban. Jetzt stand der Weg zum arabischen Schriftkurs offen.

Mich wunderte sehr, dass ich nicht nur diese Nacht, sondern auch die beiden folgenden kaum schlief. Wie konnte eine derartige Formalität mich nur so sehr mitnehmen? Es musste wohl doch mehr als nur eine Formsache gewesen sein. Dennoch, dachte ich, war dies meine Privatangelegenheit. Es brauchte in meinem deutschen Umfeld schließlich niemand zu erfahren, dass ich nun auch auf dem Papier Muslima war. Ein offizielles Farbe-Bekennen war nicht nötig. Dachte ich. Doch nur einige Wochen später begann der Ramadan, der Fastenmonat, der in jenem Jahr in die Zeit Juni/Juli fiel. Sollte ich mitmachen? Wollte ich mein Leben entsprechend ändern? All das war mir damals noch keineswegs klar, die Eigendynamik der Geschehnisse hatte mich überrannt.

Da beim islamischen Fasten von vor Sonnenaufgang bis nach Sonnenuntergang nicht nur keine Nahrung aufgenommen, sondern noch nicht einmal ein Schlückchen Wasser getrunken wird, bedeutet das in den nördlichen Breitengraden in der Hochsommerzeit, dass fast rund um die Uhr gefastet wird. Die Teilnahme am Ramadan konnte also weder vor meiner Familie noch vor den Freunden oder Kollegen an der Uni verborgen werden. So ging meine Entscheidung, die äußere Form des Islam tatsächlich auch zu praktizieren, notgedrungen mit dem Farbe-Bekennen einher, das ich mir damals gerne erspart hätte. Dass aus islamischer Sicht Spiritualität keineswegs Privatsache ist, erkannte ich erst viel später. Dennoch erschien mir mein Entschluss, den Glauben auch zu leben, sofort intuitiv richtig, ja, notwendig. Und zu meiner freudigen Überraschung regten sich nur wenige Menschen meiner Umgebung tatsächlich über meinen neuen Status auf.

Im Anschluss an den Ramadan begann ich, die Suren auf Arabisch auswendig zu lernen, die als Minimum für das Ritualgebet erforderlich sind. Das hieß aber noch lange nicht, dass ich dieses auch praktizierte. Ein Kopftuch trug ich ebenfalls nicht, begann jedoch, von Alkohol und Schweinefleisch Abstand zu nehmen. Außerdem verspürte ich das Bedürfnis, mehr über den Islam zu wissen. So las ich alles, was mir unter die Finger kam, zunächst ungeordnet. Jedoch wurde aufgrund der breit gestreuten Lektüre mein Interesse am inneren Weg des Islam, am Sufitum, immer stärker. Und alles, was ich las, lief auf dasselbe hinaus: Durch Lesen allein konnte das Eigentliche nicht erreicht werden. Die Autoren verschiedener Jahrhunderte waren sich einig darin, dass es dazu den Lehrer braucht, der als lebendiger Repräsentant für den Schüler das letzte und damit verbindende Glied in der *silsila,* der spirituellen Überlieferungskette, ist, die direkt auf Muhammad (s. a.) zurückgeht. Und so begann die Sehnsucht nach Gott, die ich mein Leben lang gespürt hatte, allmählich die äußere Form der Sehnsucht nach einem Meister anzunehmen, den ich als Tor zu tieferem Verständnis zu sehen begann. Nur, wie findet man seinen Lehrer, seinen Sheykh?

Die Antwort auf diese Frage lautet meist: „Wenn der Schüler bereit ist, kommt der Meister“, eine Aussage, die mein Lehrer erweiterte zu: „... und wenn der Meister bereit ist, kommt der Schüler.“ Welche äußere Form diese Art von gegenseitiger Anziehung, dieser Magnetismus, im Einzelfall annimmt, ist höchst variabel, oft erstaunlich. In meinem Fall bediente sich dieser uralte Mechanismus interessanterweise der westlichen Wissenschaft.

Ich nahm an einem internationalen Kongress in den USA teil. Als ich das Programmheft durchsah, fiel mir ein Vortrag zur Ethnotherapie ins Auge. Da dies mein eigenes Forschungsgebiet ist, beschloss ich, mir den Vortrag anzuhören. Der Referent, X., war Professor der Psychologie. Sein Vortrag war inhaltlich wie formal brillant. Und ich war zutiefst berührt – ohne zu wissen, warum eigentlich. Weder lag es an der Brillanz des Vortrags noch daran, dass ich den Vortragenden als Mann anziehend fand. Ich nahm mir vor, ihn am Abend desselben Tages auf der Party für die Referenten des Kongresses anzusprechen. Aber er war nicht da.

Auf dem Flug zurück nach Deutschland war mein ganzes Denken, Trachten, Fühlen immer noch bei X. Wieso hatte ich ihn nicht wieder getroffen? Diese tiefe Verbindung, die ich gespürt hatte, musste wohl Einbildung gewesen sein. Meine Intuition war offensichtlich nicht im Entferntesten so weit ausgebildet wie ich angenommen hatte; ich hatte mich eben einfach getäuscht. Zwar konnte ich durch die Kongressleitung seine Adresse erhalten, konnte ihn anschreiben. Aber wozu? Was sollte ich sagen, schreiben? Eigentlich gar nichts, denn wenn meine Intuition, dass etwas ganz Außergewöhnliches, Wichtiges uns verband, korrekt gewesen wäre, hätte ich ihn doch treffen müssen.

Zu Hause tauchte ich wieder in meinen Alltag ein. Die Erinnerung an X. jedoch blieb. Wie hatte ich mich so täuschen können, wie hatte mich etwas, das offensichtlich irrelevant war, so tief treffen, so nachhaltig bewegen können? Ein halbes Jahr verging. Eines Tages, im Juni, stand er in einem kleinen Dorf im Odenwald vor mir. „Da bist du ja!" war alles, was ich sagen konnte. Er hatte eine Einladung der Universität Heidelberg angenommen. Die dortigen Organisatoren hatten ihn außerhalb der zur Kongresszeit überfüllten Stadt unterbringen wollen: in eben jenem Dorf. Bei besagtem Kongress hatte ich meinerseits die Übersetzung für einen amerikanischen Kollegen übernommen, der ein Seminar leitete. Und die Organisatoren waren auf mich zugekommen mit der Bitte, doch zusätzlich „für einen besonderen Referenten" die Übersetzung am Abend zu übernehmen.

Ich war so müde, dass ich einfach „Ja" gesagt hatte. Und so stand X. vor mir. Die gemeinsame Arbeit begann und es war *ein* Fluss. Die Seminarteilnehmer sagten anschließend, dass meine Übersetzung diesmal anders gewesen sei als sonst, eher wie eine Übertragung. In der darauf folgenden Nacht hatte ich eine außergewöhnliche Erfahrung. Ich verbrachte die gesamte Zeit bis zum Sonnenaufgang in einer Art „Zwischenzustand", eher Trance als Schlaf. Ich spürte den Blick von X. fast wie eine Berührung in der Herzgegend.

Als ich zum Frühstück kam, in der Annahme, X. erneut zu begegnen, war er schon wieder weg, war zur Heidelberger Uni zurückgebracht worden. Und wieder war ich in Versuchung, ihm diesmal, nach unserer direkten Begegnung, zu schreiben. Ich tat es dennoch nicht. Inzwischen war ich überzeugt davon, dass die Dinge eine Eigendynamik hatten, der mich vertrauensvoll zu überlassen die beste

Entscheidung war. Wenn jemand, den ich auf einem Kongress in Phoenix/Arizona nicht treffen konnte, plötzlich ein halbes Jahr später in einem winzigen Dorf im Odenwald vor mir steht, dann war offensichtlich etwas dabei, sich zu manifestieren, das weit über meine eigenen Verstehensmöglichkeiten hinausgeht.

Dieser Gedanke, dieses Wissen, blieb präsent, während ich mein Alltagsleben einfach weiterlebte. Und immer noch hatte ich nicht die geringste Ahnung, auf welcher Dimension dieser Mann mich so sehr berührte. Dennoch war es so.

Ein weiteres Jahr verging. Ich erhielt einen Anruf aus dem Schwarzwald. Man habe einen Referenten, X., eingeladen, eine Fortbildung zu leiten und da ich ihn schon einmal auf so außergewöhnliche Art übersetzt hatte, würde man sich sehr freuen, wenn ich diese Aufgabe erneut wahrnehmen wolle …

So sahen wir uns wieder. Und die drei Tage, die ich übersetzte, sein „Echo“ und sein „Schatten“ war, vergingen in einer Trance-gleichen Einheit eines Schwingens, eines Seins.

Eine Woche später war er eingeladen, ein Seminar in München zu halten. Ich auch, denn die außergewöhnliche Dimension unserer Zusammenarbeit hatte sich in Fachkreisen inzwischen herumgesprochen. Da er in der Zwischenzeit nichts Bestimmtes vorhatte, lud ich ihn zu uns, zu meiner Familie, ein. Er kam und ich hatte immer noch keine Ahnung, was mich so intensiv zu ihm hinzog. Eines Nachmittags fragte er mich ganz unerwartet, unvermittelt: „Was willst du eigentlich wirklich von mir?“ Und ich überraschte mich selbst durch meine spontane Antwort: „Bist du mein spiritueller Lehrer?“ Diese, meine eigene Frage, warf mich um. Wie kam ich darauf? Kannte ich ihn doch nur als Experten derselben Fachdisziplin, der Ethnotherapie, in der ich selbst tätig war, wirkte er doch überhaupt nicht so, wie ich mir einen Meister vorstellte. Wie kam ich auf eine derartige Frage?

Wir saßen wieder im Auto, auf dem Weg zurück nach Hause. Er sagte: „In meiner Tradition nimmt man sich vier Tage Zeit, wichtige Entscheidungen zu treffen. Viele haben diesen Wunsch an mich gerichtet. Angesichts des inneren Beteiligtseins, das ein solches Abkommen erfordern würde, darf ich über meine Lebenszeit hinweg jedoch nur sieben Schüler annehmen. Diese Art des Lehrens erfordert so viel von meiner eigenen Substanz, dass ich bei mehr als sieben meinen anderen Pflichten nicht mehr gerecht werden könnte. Dieses Abkommen wäre ein Abkommen auf Lebenszeit. Und meine Erwartungen an den prospektiven Schüler sind absolute Aufrichtigkeit und ein starker Wille." Ich hörte mich antworten: „Ich wäre bereit, mein Leben auf diesem Pfad zu geben. Ich weiß nicht, wie ich meine Aufrichtigkeit darüber hinaus beweisen könnte. Und für jemanden aus meiner Kultur ist mein Wille stark. Ich weiß nicht, wie er sich im Vergleich der Maßstäbe deiner Tradition bewähren würde." Er sagte: „Ja, dein Wille ist stark."

Die nächsten Tage waren für mich pure Anspannung. Es schien mir, nein, ich wusste, dass mein gesamtes Leben von seiner Antwort abhing. Nicht nur mein weiteres Leben, nein, auch mein bisher gelebtes. Sollte er „Nein" sagen, war alles, was ich bisher vollbracht hatte, sinnlos gewesen. Am Abend vor besagtem „vierten Tag", der zugleich auch der letzte Tag des Münchner Seminars sein sollte, waren wir mit Freunden essen gegangen. Es handelte sich um Kollegen, die für mich äußerst wichtig gewesen waren, von denen besonders einer in gewissem Sinne für mich die Funktion eines Lehrers gehabt hatte. Und ich fühlte mich auf einmal fremd unter ihnen, irgendwie nicht mehr zugehörig. Ich rief meine Familie an, kam mir auch hier wie eine Fremde vor, spürte kaum Bezug. Ich war verzweifelt. Fühlte, dass ich durch den Kontakt mit X. Dimensionen erspürt hatte, die für mich Leben und Sterben wert waren. Die ganze Zeit über bemühte ich mich mit aller Kraft, eine gelassene Haltung zu bewahren – war mir doch klar, dass diese vier Tage auch eine Art von Prüfung für mich waren.

Vor dem Schlafengehen fragte ich ihn, ob in seiner Tradition der Schüler abwartete, bis ihm das Ergebnis mitgeteilt wurde oder den Lehrer an besagtem Tag frage. „Du kannst fragen“, sagte er. Die ganze Nacht über bekam ich kaum Luft; mir war, als würde mir das Herz aus der Brust springen. Weil ich mich organisch als absolut gesund betrachtete, sah ich diese Symptome als Auswirkungen des Zustandes einer Ungewissheit an, die für mich inzwischen tatsächlich die Bedeutung von Leben oder Tod erhalten hatte. Als ich morgens aufstand, war mir schlecht. Theoretisch hätte ich X. jetzt ja fragen können, traute mich aber nicht.

So begann das Seminar und ich übersetzte, übersetzte. Und musste eine therapeutische Lehrgeschichte übersetzen, in der die spirituelle Lehrer-Schüler-Beziehung einer alten Tradition metaphorisch für die therapeutische Beziehung von heute stand. Der Schüler – d.h. der Patient – wurde vom Meister – d.h. dem Therapeuten – für ungeeignet für die Schulung, also die Therapie, befunden. Der Aspirant rebellierte gegen diese Entscheidung – und bestätigte dadurch deren Richtigkeit. Denn ohne Vertrauen in die Einschätzung des Lehrers – d.h. des Therapeuten – kommt nun einmal keine tragfähige Beziehung zustande.

Und ich verstand, dass dies das indirekte „Nein“ war, das mich auf das direkt ausgesprochene „Nein“ sanft vorbereiten sollte. Mir war sterbenselend zumute. Ich betete darum, jedenfalls alles mit Würde aufnehmen zu können, nicht mit sinnloser Rebellion wie der Aspirant in besagter Lehrgeschichte. Dann kam die Mittagspause. Ich hatte erwartet, nun entsprechend beschieden zu werden. Aber X. genoss einfach das gemeinsame Essen und unseren anschließenden Spaziergang in Gesellschaft einiger anderer Teilnehmer. Sicherlich wollte er mich erst am Ende des Seminars informieren, um zu gewährleisten, dass ich auch noch meine Aufgabe als Übersetzerin halbwegs erfüllen konnte. Nur noch getragen vom eisernen Willen, jedenfalls würdig unterzugehen, setzte ich mich am Ende der Pause zum letzten Teil des Symposiums auf meinen Platz. Als er an mir vorbeiging, zu seinem Platz an meiner linken Seite, legte er en passant einen sakralen Gegenstand seiner Tradition auf meinen Schoß, sagte: „Dies ist mein Zeichen der Affirmation für dich.“

Während ein Teil von mir automatisch seinen Vortrag übersetzte, kam ich erst ganz langsam, allmählich, wieder zu mir. „Affirmation“, dachte ich, „das heißt doch ‚Ja‘…; *das heißt doch ‚Ja‘!!!*“ Unmittelbar nach dem Vortrag hatte er seinen Flug zu erreichen, ich meinen Zug. Ich saß auf dem Bahnhof, hielt den unser spirituelles Abkommen bestätigenden Gegenstand in den Händen, wusste, dass ich der reichste Mensch auf Erden war.

Zwei Nächte darauf hatte ich folgenden Traum: Ich öffnete die Tür, eine dunkle, auf mich äußerst bedrohlich wirkende Frau stand vor mir, direkt hinter ihr X. Sie wollte mir die Luft nehmen, mich ersticken. Und ich, aus einem instinktiven Überlebenswillen heraus, wollte ihr entkommen, wollte mich wehren. Aber X. war anwesend, stand ruhig da, die Szene betrachtend. Und in dem Moment gab ich mich völlig hin, wusste, dass, wenn er es für richtig hielt, ich eben ersticken würde. War – ohne den geringsten Zweifel – bereit zu absoluter Hingabe an seine Führung, bis zum Tod. In dem Moment wachte ich auf, um Atem ringend, denn mir war tatsächlich die Luft weggeblieben. Als ich später X. diesen Traum erzählte, sagte er: „Das war deine Bestätigung unseres initiatorischen Abkommens."

Es begann meine Lehrzeit. Der Kontakt zwischen uns war so tief, dass ich, wenn ich mich für ihn auf praktischer Ebene nützlich machte, indem ich seine Vorträge an deutschen Universitäten live übersetzte, wusste, was er sagen würde, bevor er es sagte. Nicht etwa, weil ich seine Themen so exakt kannte, ich wusste es einfach, von innen heraus. Ich musste schließlich aufpassen, nicht zu „übersetzen", bevor er es ausgesprochen hatte. Aber auch das geschah manchmal. Und ab und zu wurden wir anschließend von Hörern angeprochen, die meinten, so eine „Übersetzung" noch nie erlebt zu haben. Es war eben die „spirituelle Osmose" oder das „von einem Atem seiend", mit dem aus Sufi-Perspektive die Lehrer-Schüler-Beziehung beschrieben wird, die da war, bevor ich überhaupt bewusst erkannt hatte, dass X. mein Lehrer war.

Als er dann so unerwartet, wie wohl nur Meister handeln, in der intensivsten Phase unseres Zusammenseins aus meinem Leben verschwand, wusste ich nicht mehr, wie ich weiterleben sollte, lebte schließlich dennoch. Ich konnte nun verstehen, was Hz. Mevlana durchgemacht hatte, als sein Lehrer Shams aus seinem Leben verschwand. Und das sogar zwei Mal. „Denn jeder verliert auf dem Pfad gerade das, was ihm das Liebste ist" – so hatte es mein Lehrer selbst einmal ausgedrückt. Auf dem Weg zu Gott ist für nichts anderes Raum außer für Gott. Und schließlich fand ich damals den Weg in mein erstes *halvet.*

Es sollte über acht Jahre dauern, bis ich X. wiedersah – ungeplant: Als wir während eines Urlaubs in den USA ein kleines Dorf in den Bergen New Mexicos besuchten, stand er plötzlich vor mir. Wir tauschten einen langen Blick, dann ging er weiter. Ich war so überrascht und getroffen, wie es bei derartigen „Zufällen" (die es aus islamischer Sicht nicht gibt) zu erwarten ist; gleichzeitig fühlte ich mich innerlich ruhig, hatte das Gefühl, dass unser Treffen das natürlichste Ereignis der Welt war. Wie oft hatte ich in den vergangenen Jahren gefürchtet, dass X. mich verstoßen hatte – aber wenn er nicht mehr mein Lehrer war, weshalb dann dieses unwahrscheinliche Zusammentreffen? Wie viel Dinge hatten geschehen, hatten ineinander greifen müssen, um zu genau diesem Moment der Koinzidenz – über Jahre und Kontinente hinweg – zu führen?

„... Und hättet ihr etwas verabreden wollen, ihr wäret unseins gewesen über den Zeitpunkt. Doch [das Treffen wurde herbeigeführt] damit Allah die Sache herbeiführe, die geschehen sollte."

SURAH 8/43

Die Nacht von Muzdalifa

Ich werde in das Hier und Jetzt zurückbefördert, als schließlich der Zeitpunkt kommt, an dem das Mittagsgebet zusammen mit dem Nachmittagsgebet vollzogen wird: die Ausnahmeregelung für diesen außergewöhnlichen „Tag der Tage“ im Leben des Gläubigen. Dann ist es Zeit für das eigentliche Ritual, für das „Stehen vor Allah“. Anschließend endlich eine gewisse Ruhe, die jedem gestattet, wirklich nach innen zu gehen. Irgendwie fühle ich mich auch gesundheitlich ein wenig besser, habe allerdings auch die mir zugänglichen, symptommindernden Medikamente in beträchtlicher Menge eingenommen.

Zur Zeit des Abendgebets beginnt der Aufbruch nach Muzdalifa – traditionsgemäß ohne das Gebet verrichtet zu haben. Unsere Gruppe wird aufgerufen, wir gehen zur Einstiegsstelle der Busse, die einer nach dem anderen vorrollen. Etwa eine Stunde später können auch wir einsteigen. Die Logistik des ganzen Unterfangens ist wirklich atemberaubend. Mit mehr als zweieinhalb Millionen Menschen sei dies das – zumindest zahlenmäßig – größte spirituelle Ereignis, das die Menschheit je gesehen habe, erinnert uns jemand. Das liegt daran, dass dieses Jahr eine gute Chance besteht, *Hadschi al Akbar*, d.h. „Groß-Hadschi“, zu werden, wird uns erklärt: Wenn bestimmte planetarische Konstellationen auf einen Freitag fallen, erhielte der Hadsch einen Wert, der den eines normalen Hadsch um ein Vielfaches überstiege. Das Stehen vor Allah an diesem Wochentag, so Ibn Dschubair, der bereits zitierte Mekka-Pilger des 12. Jahrhunderts, sei dem von siebzig anderen ebenbürtig. Ein Jahr, in dem das Stehen auf einen Freitag fällt, ist anderen Jahren so überlegen wie der Freitag gegenüber anderen Wochentagen.[16] So hat sich offensichtlich jeder, der vorhatte, im Laufe der nächsten Jahre die Pilgerfahrt zu vollziehen, jetzt auf den Weg gemacht. Diese Kalkulationen gingen dann aber doch nicht auf: Die Planetenkonstellation fiel offiziell nicht auf den Freitag. Das kümmert diejenigen unter uns, die darauf Wert legten, jedoch nicht sonderlich: „Die Planeten standen richtig für Freitag", heißt es, „der saudische Herrscher legt das aber willkürlich nach dem Kalender fest. Das kümmert aber weder Allah noch die Planeten, natürlich sind wir *Hadschis al Akbar!*"

Die Fahrt beginnt, einen Zentimeter um den anderen, die Straße hoffnungslos verstopft. Die unzähligen Fußgänger kommen schneller voran, uns ist diese Option allerdings nicht gestattet worden. Kurz vor Muzdalifa steigen wir aus. Wir werden angewiesen, in der nunmehr dunklen Nacht je 70 kleine Steinchen zu suchen – mehr als die sonst üblichen 49. Die Größe von Kichererbsen sollen sie haben. Ich denke an die unzähligen Pilger vor uns, die dieselbe Gegend über Jahrhunderte zur selben Mondkonstellation nach derselben Steinchengröße abgesucht haben. Der Vorrat der Natur scheint unerschöpflich, denn Jahrhundert um Jahrhundert finden offensichtlich zunächst Tausende, nun Millionen, was erforderlich ist, um dieses uralte, archaische, die Zeiten übergreifende Ritual zu vollziehen, das der Hadsch ist.

Als alle in unserer Gruppe die erforderliche Anzahl Steinchen gesammelt haben, beginnt der Fußmarsch. Etwa

25 Kilometer weit werden wir durch diese Wüstennacht wandern, durch die „Nacht von Muzdalifa", auf die der Anfang des Neubeginns, des neuen Lebens in Mina, folgen wird. Und wir gehen und gehen, sind ein Teil dieses unüberschaubaren Stroms der Pilger. Das ganze Tal ist voll mit Pilgern – wie schon in früheren Zeiten. Ibn Dschubair berichtet: „Wir sahen, dass die ganze Strecke völlig mit Fackeln und Laternen erleuchtet und vollgestopft mit Männern und Frauen war, die den Ritus in ihren Sänften durchführten. Zwischen den Sänften und den Beinen der Kamele konnten wir nicht hindurchkommen, da sie gegeneinander drückten und zusammenstießen."[17] Aus dem Jahre 1807 erzählt ein Mekkapilger: „Man stelle sich 80 000 Mann, 2000 Frauen und 1000 kleine Kinder, daneben 60 000 bis 70 000 Kamele und eine Menge Esel und Pferde vor, die bei einbrechender Nacht, so wie es das Ritual vorschreibt, sämtlich im Sturmschritt durch ein enges Tal übereinander hinweg, in Staubwolken eingehüllt, mitten durch einen Lanzenwald, und auf allen Seiten von Flinten und Säbeln umgeben, davoneilen wollen."[18] Wir gehen und gehen und gehen durch diese Wüstennacht, einfach sich einen Schritt nach dem anderen voranschiebend. Es ist ein enges Tal und, wohin man schaut, voll von in Weiß gekleideten Menschen. Gegen 1:00 Uhr morgens sucht unser Führer eine Ruhestätte für uns. Und wie bescheiden die Ansprüche auch sein mögen: Jedes noch so kleine Plätzchen ist besetzt durch einen Menschen, zusammengerollt auf minimalstem Raum. Sogar die relativ steilen Berghänge, die dieses schmale Tal begrenzen, sind bedeckt mit offensichtlich klettertüchtigen Pilgern. Wohin man schaut, überall das Weiß der Gewänder, das die Dunkelheit der Wüstennacht durchbricht. So unglaublich dicht aus europäischer Sicht, dass wir keinen Raum für uns finden – an-

ders als die Pilger früherer Jahrhunderte: „Ein offenkundiges Wunder ist, dass Mekka, das in einem Flusstal von der Breite eines Bogenschusses oder weniger liegt, diese riesige Menschenmenge unterbringen kann: eine Menge, die, würde sie in die größte Stadt gebracht, nicht von ihr aufgenommen werden könnte. Diese Stadt wird von Gelehrten so beschrieben, dass sie sich für die Neuankommenden so erweitert wie der Uterus für einen Fötus. Ebenso ist es mit der Ebene von Arafat und den anderen großen Heiligtümern des Landes.“[19] Immerhin: Zugestanden wird, dass die Menschenmassen auch damals schon „eine Menge [bildeten], die allein Gott zu zählen vermag. Die Ebene wimmelte von ihnen, die weit ausgestreckte Wüste konnte sie kaum aufnehmen. Unter dem Druck der Menge erbebte die Ebene schwindelerregend. Die Karawane erschien wie ein See sich türmender Wellen, sein Wasser wie eine Fata Morgana, seine Schiffe wie Berge, seine Segel wie die erhobenen Baldachine und Sonnenschirme.“[20] Ich fühle mich so krank, so geschwächt vom Fieber, dass ich vom Geschehen wie losgelöst bin, ich gehe einfach weiter, weiter, so weit, wie mich die Füße tragen werden. Das ist sowieso alles, was man in diesem irdischen Dasein tun kann, geht es mir durch den Sinn.

Schließlich bilden wir eine lange Doppelreihe entlang der Linie, wo der Asphalt der Straße an den Wüstenboden grenzt: die Männer an der Außenseite, direkt neben den mahlenden Riesenreifen der langsam vorbeiziehenden Busse und Laster, wir Frauen innen. (Es braucht nur einer der übermüdeten Fahrer eine Sekunde einzunicken ...) Zum Liegen ist kein Platz, so sitzen wir jeweils Rücken an Rücken, um uns gegenseitig stützend etwas auszuruhen. Irgendwann falle ich doch, wohl durch einen erneuten Fieberschub, auf die Seite, liege dann eingeklemmt zwischen den anderen im Straßenstaub Sitzenden. Zunächst verrichten wir jedoch das Gebet. Und wieder unbeschreiblich: Das Tal ist so voll, dass für das rituelle Sich-Beugen kein Raum mehr ist. Viele müssen dies, wie auch ich, symbolisch vollziehen. Nie im Leben habe ich so viele Menschen auf einmal erlebt.

Uns fallen zwei kleine, ältere Frauen auf, die, fast versteinert wirkend, neben uns im Staub sitzen. Nach einigen Mühen erfahren wir: Sie kommen aus dem Dorf Karahan bei Konya in der Türkei und haben ihre Gruppe verloren – auch das kein neuzeitliches Problem: „Sollte einer, der einen Platz im Zeltlager hat, diesen aus irgendeiner Notwendigkeit heraus verlassen, ohne ein Zeichen zurückzulassen, so wird er sich verirren und erschöpft umherlaufen. Gelegentlich wird er sich gezwungen sehen, sich zum Zelt des Emirs zu begeben, um ihm die Angelegenheit vorzutragen. Der wird dann einen seiner Ausrufer anweisen, eine Proklamation herauszugeben, den Mann hinter sich auf das Kamel zu nehmen und mit ihm das lärmende Lager zu umrunden. Dabei wird der Name des Gesuchten, der seines Kameltreibers und der seines Herkunftslandes verkündet, bis er wieder auf ihn stößt. Geschähe dies nicht, so würde er seine Gefährten nie wiedertreffen, es sei denn, unverhofft."[21] Die beiden Frauen hatten das Unmögliche versucht: auf eine der wenigen Toiletten zu gehen. Als dies endlich gelungen war, war ihre Gruppe weg. Die Frauen wirken fast wie Schwestern: beide zum Umpusten gebrechlich, auf das Armseligste gekleidet, weite Baumwollpluderhosen und abgetragene handgestrickte Wollpullis (bei dieser Hitze!). Beide stehen offensichtlich unter Schock, können kaum noch mit uns kommunizieren. Auch ihre Stoffhalsbeutelchen mit den Pilgerausweisen und der Gruppenidentifikation haben sie irgendwie verloren. Sie besitzen nichts mehr als sich selbst. Lesen und Schreiben können sie auch nicht, wissen weder Namen noch Nummer ihrer Gruppe. Wir sagen ihnen, wir würden sie mitnehmen und ihnen helfen, die Ihren wiederzufinden. Sie sind aber wohl so verängstigt, dass sie nicht mehr viel aufzunehmen in der Lage zu sein scheinen, sehen einfach teilsnahmslos vor sich hin.

Ich selbst habe mich schon seit gestern gehütet, etwas zu trinken, ist doch die Toilettensituation wirklich hoffnungslos. Aber wenn man Fieber hat und die Außentemperatur um 40° C im Schatten beträgt, wie sehnt man sich nach Flüssigkeit! Und nach einem Bett oder jedenfalls der Möglichkeit, sich auszustrecken, nach Ruhe und Geborgenheit und und und ... Was sind wir doch im Westen inzwischen hinsichtlich all solcher Annehmlichkeiten verwöhnt! Wieder denke ich, dass für so viele unserer Mitpilger aus den „Drittweltländern" diese Zustände nicht, wie für uns, zu den Ausnahmesituationen zählen, sondern im Bereich der Norm liegen dürften. So sitze bzw. liege ich schließlich einfach da, sehe in die Smogwolken hinauf, hinter denen irgendwo der Sternenhimmel Mekkas verborgen sein muss, der auch auf den Propheten (s. a.) und seine Gefährten hinabgeschienen hat. Ich bete, lasse dann zu, dass die Gedanken abschweifen.

Aus westlicher Sicht ist es sicherlich eher einer der Tiefpunkte meiner Existenz, hier krank und absolut geschwächt im Straßenstaub Saudi-Arabiens zu liegen. Aus einer anderen Perspektive ist es ein Höhepunkt, eben eines der großen Rituale auf dem spirituellen Pfad, der Zweck und Sinn meines Seins geworden ist.

Auf der Spur des Teufels

Ich sehe den jungen deutschen Schwiegersohn unserer Zimmergenossin Rahima vorbeikommen. Sein Anblick bringt mich abrupt in das Hier und Jetzt der saudischen Wüste zurück. Er sieht blass aus, wurde gerade mit der Diagnose „Sonnenstich“ aus dem Notfall-Lazarett entlassen. Es muss ihm schlecht gehen, aber er klagt nicht. Kurz hält er bei mir an. Wir, die einzigen Deutschen weit und breit, müssen lachen bei dem Gedanken, dass Freunde zu Hause uns so sehen könnten, lachen, weil wir wissen, dass es sich keiner vorstellen könnte. Auf die Füße der unermüdlich vorbeiziehenden Menschen deutend, sagt jemand in unserer Gruppe: „Genauso wie wir hier sind gerade jetzt, in diesem Moment, unzählige Menschen auf der ganzen Welt unterwegs, als Flüchtlinge.“ Wie Recht er hat. Nur, wir wissen, dass, sofern Allah uns weiterleben lässt, wir in unsere jeweils geordneten Verhältnisse zurückkehren werden. Das relativiert die jetzige Lage beträchtlich. Tiefes Mitgefühl mit den Flüchtlingen dieser Welt überkommt uns, und auch mit den beiden gebrechlichen, hilflosen alten Frauen aus Karahan, hier, mitten unter uns.

10. Tag des Hadsch

Nach zwei Stunden Rast, gegen 3:00 Uhr morgens, geht's weiter. Wir halten uns beim Gehen aneinander fest, um nicht dasselbe Schicksal wie die beiden alten Frauen zu erleiden. Diese sind inzwischen absolut teilnahmslos, bleiben einfach immer wieder stehen, werden von den Massen angerempelt, umgestoßen. So haben wir sie in unsere Mitte genommen und zerren und schieben sie mit. Sie halten sich an den Händen, sind sie sich doch gegenseitig das einzig Vertraute, das sie augenblicklich auf dieser Welt noch haben. Ich erinnere mich an Ahmad van Denffers wunderschöne Worte „Noch musst du durch das Tal, die Nacht von Muzdalifa, aber schon morgen wirst du, mit Allahs Hilfe, in Mina sein, in Mina, mitten im neuen Leben …"[22] Ich denke an meine Tochter Amina, die ich schon immer „Mina" genannt habe.

Gegen 4:30 Uhr ist Zeit für das Morgengebet. Von überall im Tal ertönt der Ruf, dann wieder dieses beeindruckende Bild von Millionen von Körpern, die sich im Gleichklang bewegen. Obwohl kaum Raum ist, die vorgeschriebenen Körperhaltungen einzunehmen, herrscht eine ganz andere Atmosphäre als noch Minuten vorher, wo jeder auf Kosten jedes anderen vorandrängte. Nun halten alle auf einmal inne, durch die allgemein anerkannte überragende Gültigkeit der göttlichen Verpflichtung zu diesem Gebet wie zu einem einzigen Organismus geworden.

Dann geht die Sonne auf und beleuchtet die unglaubliche Luftverschmutzung, taucht alles in ein fast unheimliches, schwefeliges Gelb. Ich betrachte die unzähligen Vehikel, hoch beladen mit den Behinderten, Alten und Schwachen, die sich hier durch den Strom der zu Fuß Pilgernden einen Weg bahnen. Ob manche der Fahrzeuge wohl mit einem Katalysator ausgestattet sind? Wie immer bei diesem Anblick denke ich, dass die meisten so aussehen, als ob sie es nicht einmal in die Innenstadt schaffen könnten. Dennoch, ganz offensichtlich sind sie hier und ihre Nummernschilder lassen erkennen, dass sie aus praktisch jedem Winkel und jeder Ecke der islamischen Welt kommen. Welch Wollen, welch kollektives Wünschen von wie vielen steht dahinter? Ich betrachte die Gesichter hinter den Scheiben: teils stoisch, teils verklärt, teils einfach übermüdet, teils wie von einem inneren Leuchten ergriffen. Und alle sind sie hier, sind wir hier, an diesem äußerlich manifesten Fixpunkt der unendlichen Reise zum und gleichzeitig im Göttlichen Sein.

Und wir gehen und gehen und gehen. Kaum noch vernimmt man den uralten Ruf: *„labbaik, labbaik …"*, alles ist in einem Stupor der Erschöpfung, der Schlaflosigkeit, der Hitze befangen, geht, drängt einfach weiter vor sich hin, zwischen all den großen Fahrzeugen. Irgendwann scheint es egal, dass wir ununterbrochen Auspuffgase einatmen, dass wir immer wieder in die Lage kommen, zwischen zwei Vehikeln fast zerdrückt, von riesigen Reifen zerquetscht zu werden: „In Mekka zu sterben ist doch gut", meint Mübeccel. Eigentlich stimmt ihr jeder zu. Und weiter und weiter gehen wir, inzwischen auf das Essenziellste reduziert. Jedes überflüssige Gramm ist durch Hitze und Erschöpfung zum Pfund geworden, wird abgeworfen. Ich habe eigentlich alles zurückgelassen, zum Schluss sogar meine sonst unverzichtbar erscheinenden Kontaktlinsen. Die häufigen, plötzlichen Windstöße treiben mir den von Millionen von Füßen aufgewirbelten Wüstenstaub in die

Augen, sorgen dafür, dass ich mich – stark kurzsichtig und unter Grauem Star leidend – gleichermaßen an meine Mitpilger und meine Brille klammere. Und wir gehen und gehen und gehen unter der unablässig zunehmenden Glut der erbarmungslosen mekkanischen Sonne. Allmählich nähern wir uns Mina. Hier wird der „Große Schaitan“[23] gesteinigt werden, im Nachvollzug der Versuchung Ibrahims durch den Teufel: „Als der Freund Allahs, Ibrahim, zum Opferplatz ging, trat ihm der Schaitan bei a-dschamratu-l-aqbar entgegen und er bewarf ihn mit sieben Steinen, bis er im Boden versank, dann trat er ihm bei der zweiten dschamra entgegen und er bewarf ihn mit sieben Steinen, bis er im Boden versank, dann trat er ihm bei der dritten dschamra entgegen und er bewarf ihn mit sieben Steinen, bis er im Boden versank.“

Noch einmal sammelt sich unser Grüppchen, wird vom Leiter instruiert, nun aufs Dichteste (geht es überhaupt noch dichter?) zusammenzubleiben. Vor uns liegt jetzt die brisanteste Phase des gesamten Hadsch, eben die Steinigung. Wo ist der Schaitan, wenn nicht in uns selbst? Er ist unsere *nafs*, unsere Egobedürfnisse. Und wo kommen sie klarer zum Vorschein, zeigen sich in all ihrer erbärmlichen Rohheit deutlicher als unter den Extrembedingungen dieser Pilgerfahrt? Mübeccel und ich, Frauen allein unterwegs, sind die Sorgenkinder des Leiters. Er sucht ein Ehepaar aus unserer Gruppe aus, verpflichtet sie aufs Eindrücklichste darauf, sich unser anzunehmen wie des eigenen Lebens. Der Mann, Hamdi, nimmt seine Frau in seine Arme, vor sich. Mübeccel klammert sich an seinen Rücken, ich mich an den ihren. So sind wir eine Art von kompaktem Paket geworden, eine in sich geschlossene Festung in der Brandung der Masse. „Was auch immer geschieht“, sagt der

Führer, „lasst einander auf keinen Fall los, das wäre das Ende."

In der inzwischen glühenden Mittagshitze nähern wir uns dem „Großen Schaitan", halten unsere sieben Steinchen bereit. Als Schlusslicht unseres Trüppchens brauche ich mich nicht um den Weg zu kümmern, gehe ganz nach innen, stimme mich ein auf die bei mir noch aktivsten, schlimmsten sieben Egobedürfnisse. Ich bete darum, diese überwinden, mit Allahs Hilfe zurücklassen zu können. Bete darum, nach Mina ein neues Leben führen zu können. Ein Leben mehr und mehr im Einklang mit dem göttlichen Plan für mich auf dieser Ebene. Ich bitte, diesen Plan erkennen und leben zu können und bete auch für meine Familie, für Freunde, für Patienten, für die Welt an sich.

Wenn ich nach dem Hadsch in den Teil der materiellen Dimension zurückkehre, der zur Zeit mein Leben in Frankfurt ist, wird es ohne Peer, meinen zweiten Ehemann, sein, werde ich alleine stehen, wird es einen Neuanfang auf allen Dimensionen der äußeren Ebene geben. *Insha'allah* – wenn Allah will – auch einen absoluten Neubeginn auf den eigentlichen Ebenen, d.h. in der spirituellen Dimension. Als allein stehende Frau, deren Kinder flügge geworden sind, deren Eltern, Bruder und Schwägerin es gut geht, die sinnvolle Arbeit und ein Auskommen hat. Auf dieser Ebene ist somit alles erreicht, abgeschlossen. Ist das nicht eine wunderbare Chance, sich ganz den eigentlichen, den verborgenen Ebenen des Seins zu widmen? Einfach einen Tag nach dem anderen zu leben, Stunde um Stunde, sich den Menschen, meinen Patienten, zu widmen, die in ihren Schwierigkeiten den Weg zu mir finden?

Vielleicht ist dieses Zurückstecken im Hinblick auf persönliche Ziele, verbunden mit einem tief empfundenen inneren Wünschen, der Allgemeinheit nützlich zu sein, schon ein Schritt in Richtung Aufgabe gewisser Egofunktionen? Aber allein diese Überlegung zeigt doch an, wie aktiv mein Ego, mein *nafs*, noch ist!

Über mein Leben hinweg habe ich viele Berufe ausgeübt, einfach immer das machend, was möglich war: Au-pair-Mädchen für die Kinder anderer, Kellnerin in der Nachtschicht, Näherin für ein Sportgeschäft, Dolmetscherin vor Gericht, Lehrerin an einer amerikanischen Schule, Lehrbeauftragte einer amerikanischen Universität, Wissenschaftlerin in der Ethnotherapieforschung, Supervisorin und Ausbilderin von Kollegen, Therapeutin, Mutter, Ehefrau. Letztere drei Aufgaben erschienen mir als die sinnvollsten. Jetzt sind die Kinder groß und die Ehe ist zu Ende. Was mir bleibt, ist die therapeutische Arbeit. Jeden Tag kommen Menschen in Schmerz und Leid zu mir und, so Gott will, gehen sie in etwas besserer Verfassung, als sie kamen. Wie lohnend, so etwas immer wieder erleben zu dürfen. Ich bin dankbar dafür, dass mein bisher letzter Job in dieser langen und äußerst variablen Kette der Tätigkeiten Beruf und Berufung zugleich hat werden können.

Während wir uns so, Schritt um Schritt, weiter auf den „Großen Schaitan" zubewegen, kann ich, was das Ende meiner Ehe angeht, all meine Überlegungen bezüglich meiner noch aktiven Egobedürnisse in der Aussage meines spirituellen Lehrers zusammenfassen: „Du wirst auf dem Pfad gerade das verlieren, das dir das Liebste ist." Und ganz gleich, wie weit man auf diesem Pfad vorankommen mag, ganz gleich, was man schon alles verloren haben mag, wird es immer wieder ein neues „Liebstes" geben, solange Egobedürfnisse weiter bestehen. Der Inhalt wandelt sich, nicht aber der Prozess der Bedürftigkeit, sowie das damit naturgemäß einhergehende Anstreben eines anderen als Allah. Dies ist *schirk*, die Kardinalsünde des Islam, die „Zugesellung".

Auch ich habe im Wunsch nach einer gelingenden, erfüllten Ehe – wenn auch als gemeinsamer spiritueller Weg – mein Herz zu sehr an das Zusammensein mit einem Mann gehängt statt an Gott allein. Mein Lehrer hatte gesagt: „Du darfst wünschen, aber nicht benötigen." Wie kann ich den Unterschied erkennen? Offensichtlich durch meine Reaktion auf Verlust! Ein islamisches Mantra lautet: *„ya vekil"*, d. h. „O du mit einer Sache Betrauter", [dem getrost alles überlassen werden kann]. Deuten lässt es sich so: „Allah ist der endgültige und vertrauenswürdige Treuhänder. Er vollendet die Aufgabe, die Ihm überlassen wird, ohne irgendetwas unerledigt zu lassen. Menschen glauben, sie könnten Dinge erledigen, aber Er ist es, der alles erledigt. [...] Er erledigt alles bestens, was Ihm überlassen wird. Er tut das für dich, was gut für dich ist und Ihm gefällt. [...] Bei allen unseren Vorhaben, bei unseren Geschäften, bei der Bewahrung unserer Gesundheit, unserer Familie suchen wir einen Vorteil, wir planen, kalkulieren, sehen uns vor, konsultieren Steuerberater, Ärzte, Anwälte; dennoch tauchen täglich alle möglichen unvorhersehbaren Hindernisse, Widerstände und Probleme auf. Der wahre Diener kümmert sich um all dies, so gut er kann, nicht nur für sich selbst, sondern auch für andere. Dann überlässt er das Ergebnis Allah, der ihm in Seiner Güte gibt. Er betet zu *al-Wakil*, dessen Hand sein Leben bestimmt, das für ihn zu tun, was gut für ihn ist, denn er weiß es nicht. Dies ist die Bedeutung von *tawakkul*, in Allah vertrauen. Derjenige, der dieses absolute Vertrauen in den endgültigen und treuen Treuhänder hat, besitzt einen Schatz, größer als die größten Schätze dieser Welt, denn selbst wenn all seine Bemühungen umsonst waren, fällt er nicht in Verzeiflung; er hat Frieden."[24]

Wie weit entfernt bin ich noch von dieser unerschütterlichen Ruhe, Gelassenheit und Akzeptanz all dessen, was mir auf dem Weg zu Gott geschieht, wenn das Ende meiner Ehe mich so tief traurig machen kann? Diese Traurigkeit, dieser Schmerz, den ich empfinde, zeigt doch nur, dass es sich nicht um das akzeptable „Wünschen", sondern um das „Benötigen" gehandelt hatte, das es zu überwinden gilt.

Mit diesen Überlegungen nähere ich mich dem „Großen Schaitan", der äußeren Manifestation des Loslassens aller weltlichen Wünsche.

Die Säule, die den „Großen Schaitan" symbolisiert, ist von einer Art Rampe umgeben, einer breiten, zweistöckigen Struktur mit einem Loch in der Mitte. Durch diese Öffnung ragt die Säule empor. Somit kann sich der unübersehbare Pilgerstrom zwar auf zwei Etagen verteilen, dennoch ist diese breite Rampe wie ein Nadelöhr im Vergleich zu der Weite des Tals, das ja auch schon zu eng für die Millionen von Pilgern geworden war. Wir streben der oberen Ebene der Rampe zu. Da unten Schatten ist, ist sie die bevorzugte. Bei den ungeheuren Massen macht es jedoch faktisch keinen Unterschied mehr, wo man sich abmüht. Immer noch enger wird es, fast wird uns wieder die Luft zum Atmen abgeschnitten. Wir brauchen alle Kraft, um uns aneinander zu klammern. Die Intensität der Massen erreicht einen fiebernden Höhepunkt, die inbrünstig ausgestoßenen Rezitationen der Millionen werden zu einem undefinierbaren Dröhnen. Fast sind wir bei der Säule, ich halte meine sieben Steinchen fest umklammert, um ja keines zu verlieren. Ich werfe, eins, zwei, drei, vier, dabei betend, loslassen zu können, nur noch Gott zu wollen.

In diesem Moment bricht auf einmal von rechts, seitlich, eine Kette von acht Männern durch unsere sich voranschiebende Pilgermasse. Das *„bismillahi-r-rahmani-r-rahim"*, „im Namen Gottes, des Barmherzigen, des Allerbarmers", das aus ihren Kehlen kommt, klingt wie ein Schlachtruf. Sie bahnen sich den Weg zum „Großen Schaitan", schlagend, brutal. Ich sehe sie direkt auf unser kleines Trüppchen zustürmen, blitzschnell, unvermutet. Dann erhalte ich von einem von ihnen einen heftigen Schlag auf den Kopf. Der Schmerz, der Schock, lässt mich wie in Zeitlupe wahrnehmen, was tatsächlich in wenigen Sekunden abläuft: Ich spüre, wie sich meine Hände langsam von Mübeccels Gewand lösen, wie sie mir entgleitet, nach vorne katapultiert wird, während ich zurückfalle. Die acht Männer haben sich ihre Bresche durch unser Verertrüppchen geschlagen. Einen sehe ich direkt vor mir. Beim Anblick seiner Augen weiß ich auf einmal, was Fanatismus ist.

Und immer noch erklingt der Ruf dieser Männer: „Im Namen Gottes, im Namen Gottes ...!", vermischt mit den Schreien der Menschen, die sie zur Seite schlagen. Es ist, als hätten sie Satan leibhaftig vor sich statt in sich selbst. In ihrem Eifer, ihn „dort draußen" zu steinigen, erleben sie wohl alles, was diesem Begehren im Weg zu stehen scheint, ebenfalls als Ausgeburt des Teufels. So auch uns andere, ihre Mitpilger und Geschwister auf diesem Weg. Ich muss wohl für Sekunden das Bewusstsein verloren haben. Jedenfalls merke ich, dass ich mich schon jenseits der

Säule befinde. Die absolute Dichte der Menschenmenge hat verhindert, dass ich fiel, hat mich einfach mitgetragen, über besagte Säule hinaus. Und noch habe ich drei Steinchen in der Hand, fest umklammert. Während die Menge mich weiterträgt, werfe ich diese jetzt hinter mich, den „Großen Schaitan" anpeilend, so gut es geht, betend für uns alle, die wir immer wieder Satan „dort draußen" suchen, statt ihn im eigenen Sein zu erkennen.

Was nun? Fast teilnahmslos lasse ich mich von der Menge weitertragen. Dann sehe ich ca. 100 Meter vor mir rechts die improvisierte Flagge unserer Gruppe, gemacht aus einem Stock, einem Tuch und etwas grüner Farbe: „12. kafile". Ich versuche im großen Menschenstrom diese Richtung anzusteuern, erreiche die Flagge tatsächlich. Und wie durch ein Wunder finden sich alle wieder ein. Mübeccel weint fast, sie hatte mich schon tot geglaubt, als sie nach den Schlägen spürte, wie sich meine Hände von ihrem Gewand lösten. Wir alle umarmen einander, lachen und weinen gemeinsam.

Mein großes Übertuch sowie eine meiner Plastiksandalen sind bei dieser Steinigung verloren gegangen. Von dem Schlag auf den Kopf abgesehen bin ich jedoch unversehrt. Anderen ist es übler ergangen: Einem Mann ist zunächst der Nagel des großen Zehs hochgebogen, dann ganz abgerissen worden. Er blutet stark. Eine Frau weint, mehr vor Empörung als vor Schmerz: Sie ist von einer anderen Frau in den Arm gebissen worden! „Was für Hadschis sind das?", weint sie, „Tiere, nein, noch schlimmer als Tiere!" Zwei Männer berichten, dass direkt vor ihnen eine groß gewachsene Afrikanerin umgerissen wurde, zu Boden fiel. Sie kam nicht mehr hoch, weil die Massen über sie hinwegtrampelten. Sie habe *„marhama, marhama"* geschrien, „Barmherzigkeit, Erbarmen!". Den Männern aus unserer

Gruppe war es unter Einsatz aller Kräfte gelungen, sie wieder auf die Beine zu stellen. Wer sich hier für seinen Nächsten einsetzt, riskiert sein eigenes Leben.

Nur die beiden gebrechlichen alten Frauen aus Karahan bleiben verschwunden. Vergeblich suchen wir sie im unüberschaubaren Strom der Pilger. Unsere improvisierte Flagge können sie auch nicht finden, da des Lesens unkundig. Wir befürchten das Schlimmste für ihr Schicksal, waren sie doch allzu hilflos. Später hören wir, dass zu der Zeit, als wir dort waren, 13 Menschen am „Großen Schaitan" gestorben sind. Abends hieß es, die Zahl sei noch weitaus höher gewesen. „Muhammad (s. a.) sagte: ‚Ihr Leute, tötet einander nicht; wenn ihr Steine auf die Säulen werft, dann werft kleine Steine.' Ibn Abbas berichtet, dass der Prophet (s. a.) sieben solcher Steine sammeln ließ, sie dann den Leuten zeigte und sagte: ‚Solche wie diese.' Danach ermahnte er sie: ‚Hütet Euch vor der Übertreibung in der Religion, denn die Übertreibung in der Religion richtete die zugrunde, die vor euch waren …'"[25]

Jetzt, nach der Steinigung, ist die Stimmung sehr verändert, wie abgeschlafft. Überall, mitten im Getümmel, sitzen Männer, die sich die Haare scheren oder kürzen lassen: Zeichen des vollbrachten Hadsch. Wir gehen weiter, das letzte, nun kurze Wegstück auf Mekka zu, die letzten Kilometer dieser ca. 25 Kilometer langen Wanderung, die in der Wüstennacht von Muzdalifa begonnen hat, ganz bewusst vollziehend, bewusst hineingehend in diesen ersten Tag des neuen Lebens. Ein alter Mann gibt mir wortlos eine seiner Sandalen, geht lächelnd weiter. Von vielen anderen Männern werde ich jedoch deutlich missbilligend gemustert: Weil ich mein großes Übertuch verloren habe, lässt mein kleines inneres Kopftuch nun einen Teil des Halses frei. Ein Mann beschimpft mich tatsächlich, auf Türkisch, beschuldigt mich der Unzucht, des In-Versuchung-Führens der Männer. Sicherlich hätte ich besser schweigen sollen, aber in meinem Ausnahmezustand der absoluten Erschöpfung, des Gefühls, gerade noch einmal überlebt zu haben, sage ich zu ihm: „Es war ein Mann, wohl dir selber nicht ganz unähnlich, der mir mein Tuch genommen hat …"

Schließlich kommen wir tatsächlich wieder vor unseren Logements an, alles ist noch ziemlich unwirklich. So ähnlich muss es sich anfühlen, eine Naturkatastrophe knapp überlebt zu haben. Wir setzen uns in das inzwischen so vertraute kleine türkische Lokal, bestellen Ayran, ein kühles Joghurtgetränk, und viel Tee. Fühlen uns der Zivilisation wiedergegeben, nun, da Toiletten zu erreichen sind und wir uns dementsprechend zu trinken trauen.

Die Erleichterung, die wir spüren, trägt sicher dazu bei, dass ich mich etwas besser fühle. Das Fieber hat wohl auch nachgelassen, nur der quälende Husten wird eher noch schlimmer.

Wir bestätigen einem hierfür ausgewählten Mann unserer Gruppe, dass wir den „Großen Schaitan" gesteinigt haben. Als er diese Erklärung von jedem erhalten hat, geht er, um für uns alle kollektiv das nun fällige Tieropfer zu erbringen. Dieses Opfer steht am Ende des Hadsch und symbolisiert die Kerntugenden des Islam: absolutes Gottvertrauen und Hingabe an den göttlichen Willen. Das Opfer bezieht sich auf Surah 37/103–106: „Als er [Ismail] alt genug war, um mit ihm zu arbeiten, sprach [Ibrahim]: ‚O mein lieber Sohn, ich habe im Traum gesehen, dass ich dich schlachte. Nun schau, was meinst du dazu?' Er antwortete: ‚O mein Vater, tu wie dir befohlen, du sollst mich, so Allah will, standhaft finden.' Als sie sich beide [Gott] ergeben hatten und er ihn mit der Stirn gegen den Boden hingelegt hatte, da riefen Wir ihm zu: ‚O Ibrahim, erfüllt hast du bereits das Traumgesicht.'" Ibrahim erhält sodann die Anweisung, einen Widder an der Stelle seines Sohnes zu opfern. Die islamische Version dieser Opferbeschreibung zeigt, das nicht nur Ibrahim zum absoluten Gehorsam bereit war; auch sein Sohn ist bewusst und freiwillig bereit, den Opfertod zu erdulden.

Erst nachdem der Vollzug des Opfers bestätigt ist, dürfen wir die inzwischen wild gewucherten Körperhaare endlich entfernen. Welch ein Genuss, wieder – relativ! – gepflegt zu sein! Auch hier zeigt sich der Ausnahmezustand des Hadsch: Während sonst das Entfernen der Schamhaare religiöse Pflicht ist, darf es während der Pilgerfahrt gerade nicht geschehen. Auch dies erinnert daran, „ins Grab zu gehen, vor dem Sterben zu sterben", jegliche Sorge um die äußere Hülle, den Körper, vorübergehend einzustellen.

Der Mann, der stellvertretend für uns das Opfer vollzogen hat, hat einiges Fleisch mitgebracht. Die Tradition verlangt das Verteilen unter den Armen; nur symbolisch soll etwas davon selbst genossen werden. Wir Frauen werden mit primitivsten Messern, ziemlich stumpf, zum Zerteilen der großen Stücke Kamelfleisch geschickt. Wir wechseln uns in Zweierteams ab. Dann übergeben wir die Resultate unserer Arbeit den Männern, die das Fleisch unten im Lokal zubereiten lassen. Dort trifft sich dann abends alles unter den bunten Glühbirnchen im Laub der Bäume: eine Festtafel, mit Ayran zelebriert. Inzwischen hat sich bei uns ein starker Gruppengeist eingestellt. Wir sind eine Art von eingeschworenem Team geworden, das weiß, was gemeinsam schon alles durchstanden wurde. Wir alle staunen über die Verwandlung der Männer, bei denen die erneute Möglichkeit der Körperpflege deutlicher ins Auge springt als bei uns verhüllten Frauen: weg sind die Stoppelbärte, abrasiert oder kurz die Haare. Bei einigen jedoch wächst jetzt ein Bart nach dem Vorbild des Propheten (s. a.). Es soll sie im Alltag, in den wir alle bald zurückkehren werden, daran erinnern, dass sie nun Hadschis sind.

Nur Yusuf, der junge deutsche Mann, sieht erbärmlich aus: leichenblass, die Augen rot unterlaufen, spricht er kein Wort. Er scheint unter Schock zu stehen. Seine resolute Schwiegermutter lässt ihn erneut ins Lazarett einweisen, wo er Infusionen erhält. Er tut mir sehr Leid, alles fällt ihm offensichtlich viel schwerer als den meisten anderen hier. Dennoch kommt nie ein Wort der Klage über seine Lippen. Der Hadsch war schon immer anstrengend und auch gefährlich. Nur die Art der Mühsal oder Gefahren scheint sich über die Jahrhunderte hinweg zu ändern. Ich bin dankbar dafür, aus irgendwelchen Gründen offensichtlich der Sonne und Hitze gegenüber – wenn auch nicht den Infektionskrankheiten – deutlich resistenter veranlagt zu sein als viele Mitteleuropäer, glaube nicht, dass mir die hiesigen Extrembedingungen schwerer fallen als den meisten meiner islamischen Mitpilger aus Drittweltländern. Ich bin dankbar, den mir entsprechenden Weg der unendlich vielen Wege zu Gott gefunden zu haben. Einen Weg, der mich als ganzen Menschen fordert, mir immer wieder alles abverlangt, was ich habe, was ich bin. Der mich immer von neuem dazu bringt, die traditionellen islamischen Werte von Vertrauen, Hoffnung, Geduld, Standhaftigkeit, Hingabe tatsächlich zu leben, über ein Lippenbekenntnis hinaus.

Ich genieße nur einige Bissen des Fleisches, verteile meine Ration an die anderen. Mübeccel und ich möchten einige dünne Streifen an der sengenden mekkanischen Sonne trocknen, so wie es zu Zeiten des Propheten (s. a.) üblich war. Es erinnert mich an einen ganz anderen Bereich meiner Existenz: Wenn meine Tochter Amina und ich gemeinsam in die USA fliegen, in unseren geliebten Südwesten, dann kaufen wir uns „Beef Jerkies“, ebenfalls an der Sonne getrocknete Fleischstreifen, jedoch nach traditionell indianischer, später von den Cowboys übernommener Art. Hier treffen sich die Kulturen, die für mich Bedeutung haben, in ganz pragmatischer Art und Weise. Hier begegnen sich der Prophet (s. a.) und die Ureinwohner Amerikas im Bemühen der Achtung des Lebens, der Nichtverschwendung der Tiere, die ihr Leben für unseres hingegeben haben und mit denen wir verbunden sind im ununterbrochenen Kreislauf des Seins.

Wir haben auch etwas Wäsche gewaschen, breiten diese auf dem Dach unseres zehnstöckigen Gebäudes zum Trocknen aus, ebenso wie unsere fein geschnittenen Fleischstreifen. Eine alte Frau sehen wir dort, die wahre Massen von getrocknetem Fleisch zubereitet. Sie erklärt, es sei für einen Neffen in Deutschland bestimmt, der dem Alkohol verfallen sei. Durch den Hadsch gesegnetes Kamelfleisch zu essen wäre die einzige Chance, die er noch habe, sich von seiner Sucht zu befreien: „Kamele kommen schließlich ohne zu trinken aus“, sagt sie.

Das Wunder des Geführt-Werdens

Ich habe heute Nacht durch den schlimmen Husten kaum schlafen können und die Zeit für Gebete für alle meine Lieben genutzt. Mübeccel und ich gehen zu *al-baitu'llah*, machen *tawwaf al ifade,* nachdem die Vorschrift zu besonderer Kleidung aufgehoben ist und wieder gewöhnliche islamische Kleidung getragen werden kann, und *tawwaf veda,* den Abschieds-tawwaf, bevor man Mekka endgültig verlässt. Diesmal soll ich die Führung übernehmen. Es ist wieder sehr, sehr voll. Dennoch wollen wir es unten, in direkter Nähe der *ka'aba* versuchen. Mübeccel hat ein bisschen Sorge, wie es uns ohne männlichen Schutz ergehen wird. Wir beschließen, auch diese Schwierigkeit zu nutzen, um Hingabe und Vertrauen zu praktizieren, empfehlen uns Gott, Gott allein. Wir gehen einfach vor uns hin, einen Schritt um den anderen, nicht nach links und nicht nach rechts sehend. Wir singen dabei *ilahis*, beten, rezitieren Koranverse. Beschließen, uns von der Masse tragen zu lassen, im Fluss zu sein. Was kann schon groß geschehen? Streben doch alle demselben zu, als ob Ibn Arabis vor langer Zeit geschriebene Worte als lebendiges Echo nachklingen: „Wer aber die kreisförmige Bewegung vollführt, für den gibt es keinen Anfang – und kein Endziel –; folglich wird diesem die vollkommene Gotteserkenntnis zuteil und er ist es, dem alle Worte und Weisheiten geoffenbart werden."[26] *Insha'allah!*

Auf einmal merke ich, dass wir direkt auf den *maqam Ibrahim* zugetragen werden. Ich verhalte mich ganz still. Nun sieht es auch Mübeccel: „Sieh doch!“, sagt sie. Ich bitte sie, auch zu schweigen, einfach in Hingabe, im Fluss zu bleiben, während wir uns weitertragen lassen. Und dann sind wir tatsächlich da! Berühren das Glas, küssen es, betrachten den Fußabdruck, diesmal in aller Ruhe.

Ibn Dschubair hat die besondere Stimmung um den *maqam Ibrahim* beschrieben: „Die Betrachtung dieses Ortes … ist so bewegend, dass die Seelen Erschütterung empfinden, Herzen und Sinne hingerissen werden. Man sieht nur demütige Blicke, rinnende Tränen, feuchte Augen; man hört nur Stimmen, die Gott hingebungsvoll anflehen.“[27] Auch wir geben uns dieser Stimmung hin. Es ist fast, als wären wir unsichtbar, eingekapselt in einen Raum jenseits aller Zeitlichkeit. So verharren wir dort eine ganze Weile, bis wir uns wieder dem Strom der Pilger übergeben, uns weitertragen lassen, führen lassen, auf jegliche Selbststeuerung verzichtend. Diese Absicht entspricht Hz. Mevlanas Bild eines spirituell entwickelten Menschen als eines Versunkenen, der sich von den Wellen und Strömungen des Ozeans bewegen lässt. Wenn wir das doch leben könnten!

So treiben wir einfach weiter, friedvoll, singend, betend. Und das Wunder des Geführt-Werdens nimmt kein Ende. In welchem Radius auch immer wir unsere Kreise ziehen, gegen alle statistische Wahrscheinlichkeit, trägt der Strom uns unweigerlich wieder zum *maqam Ibrahim*, Runde um Runde. Inzwischen wundert uns schon gar nichts mehr, dankbar und still stehen wir wieder und wieder davor, nehmen das Unerklärliche einfach an.

Wir beginnen mit dem nächsten *tawwaf*, d. h. weiteren sieben Umschreitungen der *ka'aba*. Diesmal – zunächst können wir es wieder kaum fassen – trägt uns die Menschenflut direkt an die Wand der *ka'aba*, ganz sanft, still, dorthin, wohin man eigentlich nur mit enormer Muskelkraft in Verbindung mit Durchsetzungsvermögen und beträchtlichem Risiko für die eigene Sicherheit gelangen kann. Es befinden sich außer uns auch nur Männer dort. Und wieder ist es, als seien wir hinter einer unsichtbaren Wand geborgen, geschützt, jenseits von Zeit und Raum. Denn wieder können wir dort in tiefster Ruhe stehen, uns einfach an die alten sonnendurchglühten Granitblöcke schmiegen, die Steine küssen. Kein anderer Mensch scheint uns wahrzunehmen, geschweige denn zu berühren oder weiterzudrängen. Irgendwann übergeben wir uns freiwillig wieder der Masse.

Und das Wunder geschieht von neuem, ein ums andere Mal. Räume scheinen sich einfach vor uns aufzutun, uns zur *ka'aba* hinzuziehen, in vollstem Frieden, während direkt um uns herum die Menschen sich stoßen, schlagen, beschimpfen, schreien, um auch nur einen Schritt näher kommen zu können. Und wir treiben, fast scheint es wie ein Schweben, in offene Räume, hinein und wieder hinaus. Jetzt sind wir in der siebten Runde. Wir haben nicht einmal aufgeschaut, vertrauen inzwischen blind diesem Geführtwerden. Dann aber ergreift uns ein vielleicht heiliges Erschrecken (gibt es so etwas?): Mübeccel und ich sehen zur gleichen Zeit, dass wir uns direkt vor dem Schwarzen Stein befinden, dem absoluten, für die meisten Pilger von heute unerreichbaren Heiligtum, dem Herzen der gesamten islamischen Welt. Dieser Stein, vermutlich ein Meteorit, ist von Muhammad (s. a.) eigenhändig in eine Ecke der jetzigen *ka'aba* eingelassen worden, die auf den Fundamenten der vorangegangenen errichtet ist.[28] Direkt vor uns liegt er, zum Greifen nah. Die Tradition sieht vor, dass man den Schwarzen Stein küsst, indem man beide Handflächen auf seine Oberfläche innerhalb der Silbereinfassung legt und den Stein lautlos mit dem Lippen berührt. Wir haben jetzt die Möglichkeit dazu, müssen nur die Hand ausstrecken. In dem Moment jedoch, wo wir das tun, erklingt der Gebetsruf. Der Wächter des Heiligtums, der, an Tauen über dem Schwarzen Stein hängend, diesen bewacht, der hier an dieser brisantesten Stelle für Ordnung zu sorgen hat, springt herab, landet direkt zwischen unseren ausgestreckten Händen und dem Stein. Bruchteile von Sekunden trennen uns vom Erreichen des Höchsten, das kaum jemandem gegeben wird. Der türkische Teehändler vor unseren Logements z. B. sagt, er sei nun schon im achten Jahr hier, sei ein starker junger Mann, aber habe sich in all den Jahren dem Schwarzen Stein nicht einmal nähern können, der Eifer der Massen ließe es selbst für einen Mann lebensgefährlich werden, dies auch nur zu versuchen.

Wir strecken unsere Hände dem Stein entgegen, sehen den Wächter an, stumm um den Aufschub einiger Sekunden bittend. Er kennt kein Erbarmen, schwingt eine Peitsche über uns, lässt sie auf Männer herunterknallen, die seiner Aufforderung, für das Gebet zurückzutreten, nicht Folge leisten. Wir beide ziehen uns freiwillig zurück, lassen uns in diesem heiligen Bereich weder auf Gewaltakte noch Tricks ein. Hat die Vorsehung, die göttliche Führung uns doch heute die unerwartetsten Räume geöffnet, wollen wir uns weiter wie „Versunkene" dieser Vorsehung anvertrauen. Darüber sind wir uns wortlos einig. Nur, wohin sollen wir uns zurückziehen? Der Wächter schlägt inzwischen andeutungsweise auf uns ein. Voran können wir nicht, zurück jedoch auch nicht. Denn jetzt haben die Mitpilger dichteste konzentrische Kreise um die *ka'aba* gebildet, um das Mittagsgebet zu verrichten. Wir sitzen fest, kommen nicht mehr über die eng geschlossenen kreisförmigen Reihen der Männer hinaus, können weder vor noch zurück, werden von hinten teils beschimpft, von vorne mit der Peitsche bedroht. Was tun? Wir sind hilflos, sehen verzweifelt um uns – keine andere Frau weit und breit …

Da hören wir einen Ruf auf Englisch. Ein junger Mann in der zweiten Reihe streckt seine Hand nach uns aus, zieht uns zu sich. Wir landen inmitten von sechs jungen Ägyptern, die, unsere prekäre Lage erkennend, sich uns zwei Frauen als Schwestern annehmen. Sie ziehen uns zwischen sich (wie das bei der unbeschreiblichen Enge in diesem zweiten konzentrischen Kreis um die *ka'aba* überhaupt noch ging, wird immer ein Rätsel bleiben), reden beruhigend, tröstend in gebrochenem Englisch auf uns ein. Und das Gebet beginnt und wieder müssen wir die Beugungen symbolisch vollziehen, ist doch keinerlei Raum mehr vorhanden.

Aber nicht nur das. Ich merke, dass ich innerlich nicht beim Gebet bin, nicht vor mich hin sehe. Denn der Schwarze Stein befindet sich mir direkt gegenüber, in nur wenigen Metern Entfernung, und um nichts in der Welt kann ich die Augen abwenden – ist dies doch der Stein, den nach der Überlieferung schon die Hände des mythischen Adam, des Ibrahim und seines Sohnes Ismael, des historischen Muhammad (s. a.) berührt haben.[29] Mein Körper vollzieht die vorgeschriebenen Bewegungen, meine Zunge rezitiert die erforderlichen Verse, aber ich bin vollkommen auf den Schwarzen Stein ausgerichtet, auf sein schillerndes, fast lebendiges Sein. Er (sie?; es?) sieht gar nicht wie ein Stein aus, ist auch nicht schwarz. Der Meteorit schillert eher wie dunkles Glas als wie Stein, wirkt eher lebendig als tot, vergleicht man ihn mit den Granitsteinen der Mauer der *ka'aba*. Umhüllt ist das Ganze von einem sanft schimmernden Kragen aus Silber, der Form nach interessanterweise genau heiligen fernöstlichen Abbildungen der *Yoni,* also dem weiblichen Aspekt des Göttlichen, entsprechend. Das weibliche Element, im Herzen des Herzens aller authentischen Religionen, natürlich auch hier, im Herzen des Islam. Und noch sind wir beiden Frauen Ausnahmen im offiziellen innersten Kreis dieser weltumspannenden Glaubensgemeinschaft, Ausnahmen, die von einigen der männlichen Geschwister bedroht, von anderen geschützt werden.

Interessant ist in diesem Zusammenhang wiederum die Schilderung Ibn Dschubairs: „Die Frauen standen ein Stück abseits [von der *ka'aba*] und beobachteten das Geschehen mit tränenden Augen und demütigen Herzen, in dem Wunsch, zu diesem Fleck zu gelangen und teilzuhaben. Einige Pilger, wohlwissend, dass sie einen verdienstvollen Akt vollbrachten und von Mitleid bewegt, tauchten ihre Kleider in das gesegnete Wasser, [das aus der goldenen Regenrinne der *ka'aba* strömte], gingen zu den Frauen und wrangen sie über den Händen einiger von ihnen aus. Die nahmen das Wasser, tranken es und fuhren damit über ihre Gesichter und Körper.“ [30] Mögen wir gemeinsam, Männer und Frauen, Erst- und Drittweltländer, Verstand und Herz, die nächste Stufe erreichen. Mag das Einswerden der Polaritäten mehr als die Summe der Teile werden, mögen wir gemeinsam einen weiteren Schritt Richtung Transzendenz gehen, Hand in Hand, Herz zu Herz. Die Hilfe, die die jungen Ägypter uns haben zuteil werden lassen, scheint uns wie ein Anfang dazu und wir danken ihnen dafür, erkennen sie als Geschwister im Bemühen um eine neue Phase.

Das Gebet endet und sofort stürmen die meisten der Männer um uns herum, die dem Schwarzen Stein so unglaublich nahe gekommen waren wie wir selbst, wieder auf diesen zu. Und wieder ertönen Schreie, Flüche, Koranverse wie aus einer Kehle, aus der Kehle des Suchenden im Menschen. Und wieder fallen die Stöcke der Saudi-Wächter auf die Rücken derer, denen es nichts mehr ausmacht. Mübeccel und ich nutzen die Chance, uns still zurückzuziehen. Wir verrichten zwei abschließende Gebetseinheiten, spüren ungeheure Dankbarkeit uns durchströmen, Dankbarkeit dafür, bis fast auf den Gipfel des Erreichbaren gespült worden zu sein. Aber eben nur fast. Dieses Nicht-Erreichen des Schwarzen Steines, verhindert durch Bruchteile von Sekunden, deuten wir als Hinweis auf die Notwendigkeit, in diesem Leben weiter nach Gott zu streben. In Mekka zu Tode zu kommen stand für uns offensichtlich nicht an.

Abschied von Mekka

All die Erkenntnisse, die wir aus der wundersam erscheinenden Führung während unserer *tawwafs* wieder einmal erhalten haben, das *Wissen,* dass Führung da ist – sofern man tatsächlich Hingabe an das Göttliche Sein praktizieren kann –, haben Mübeccel und mich in einen absolut ruhigen Zustand stiller Kraft versetzt. Ohne jegliche Absicht, ohne bewusstes Bemühen, sind wir gegen alle Wahrscheinlichkeit bis zum fast Höchsten getragen worden. Es ist der richtige Zustand, um uns den weiteren, noch ausstehenden Steinigungen aller Teufel zu widmen, die am selben Ort erfolgen wird wie die Steinigung des „Großen Schaitan". Wir fühlen uns gewappnet und wollen den Fußweg durch Hitze, Massen und Staub trotz Krankheit und Fieber auf uns nehmen, statt, wie viele Mitpilger es tun, ein Sammeltaxi zu nehmen. Der Gegend der Teufel näher kommend, wählen die meisten Mitpilger die untere, im Schatten liegende Etage. Bewusst nehmen wir wieder den oberen Weg in der prallen Sonne, werden ab und zu gepiekt von den Sonnenschirmen anderer Pilger.

Schließlich sind wir da, beginnen mit der Steinigung des „Kleinen Schaitan", überlegen, welche Aspekte unserer immer aktiven *nafs* wohl durch ihn repräsentiert werden. Bei mir könnte es sich um Selbstgefälligkeit handeln, um eine bestimmte Art von Ungeduld, die mich manchmal dazu verleitet, mich über diejenigen hinwegzusetzen, die auf irgendeine Weise langsamer sind. Mübeccel meint, ihr *nafs* sei ihre Arroganz. Vielleicht ist beides dasselbe. Die Menschenmassen sind erneut in heftiger Bewegung, aber doch nicht so wirklich lebensbedrohlich wie gestern, als sich alle auf einmal dem „Großen Schaitan" widmeten. Da heute auch der „Kleine" und der „Mittlere Schaitan" an der Reihe sind, verteilt sich alles etwas. Wir suchen uns mit Bedacht eine Gruppe indonesischer Pilger aus, mischen uns unter sie und lassen uns so zu den Säulen, die die Schaitane symbolisieren, hintragen. Seit wir hier sind, bewundern wir die Indonesier, die sich selbst im größten Getümmel durch eine höfliche Gelassenheit auszeichnen.

Wir vollziehen das vorgeschriebene Ritual ohne größere Schwierigkeiten und machen uns in der sengenden Sonne auf den Rückweg. Mein Gesicht ist ganz verbrannt und Mübeccel lacht über meine Nase, die sich schon geschält hat und selbst aus der Entfernung rot leuchtet. Durstig und erschöpft kommen wir bei den Logements an, leisten uns wieder Tee und Ayran in „unserem" türkischen Lokal. Wir kommen ins Gespräch mit einer tief verschleierten jungen Frau, die an allen möglichen Themen des Zeitgeschehens ein inquisitives, waches Interesse hat, bemüht ist, islamische Lösungen zu finden. Die Unterhaltung macht Freude, ermutigt uns, was die neue Generation angeht. Ein ganz und gar guter Tag, finden wir, das Ausmaß der uns heute zuteil gewordenen Führung mit tiefer Dankbarkeit hinnehmend. Nachts essen wir mit einem Ehepaar aus unserer Gruppe, dann werde ich noch gebeten, einem türkischen Journalisten ein Interview bezüglich meiner Hadsch-Erfahrungen zu geben.

11. Tag des Hadsch

Jetzt hat die „Mekkanische Krankheit" auch Mübeccel erwischt. Sie fühlt sich ganz elend. Ich biete ihr an, ihr letztes Steinigungsritual für sie durchzuführen. Mein Gesundheitszustand hat sich auf stabil bis mittelmäßig eingependelt. Der nicht enden wollende Husten ist das Schlimmste. (Er sollte später in Deutschland – trotz der dann doch noch verordneten Antibiotika – noch gut zwei Monate andauern.) Aber sie ist tapfer, rafft sich auf, die Hadsch-Erfordernisse eigenhändig, eigenfüßig zu beenden. Yusuf, der junge Deutsche, kann inzwischen wirklich nicht mehr, lässt sich bei diesem letzten Akt durch seine Schwiegermutter vertreten. Für uns geht das Ritual problemlos zu Ende, wie am vorangegangenen Tag. Mübeccel legt sich anschließend hin, ich versorge sie, so gut es geht, mit Tee, Ayran und dem knusprig-frischen türkischen Brot, das eine Bäckerei unten im Haus stündlich aus riesigen Öfen hervorzaubert. Dieses Brot essen wir täglich, mit etwas Salz darauf gestreut. Für mich ist es jedes Mal wieder eine etwas wehmütige Erinnerung an Mehmet, meinen ersten Ehemann. In den Jahren unserer Verlobungszeit in Istanbul kauften wir abends oft genau so ein Brot, so heiß, dass man es zunächst kaum halten konnte. Und nie konnten wir dem frischen Brot widerstehen, bis wir zu Hause waren. Rissen zunächst kleine Stückchen davon ab, bis wir schließlich die gesamte Kruste verspeist hatten, um uns dann dem weichen, lockeren Inneren zu widmen ... bis wir dann mit leeren Händen bei seiner Mutter ankamen, die uns – wider besseres Wissen – doch immer wieder Brot holen schickte.

Der Tag vergeht ruhig, mit Gebeten und bescheidenster Krankenpflege. Abends ist dann die Stunde der Trennung für Mübeccel und mich gekommen. Für diejenigen von uns, die zum „kurzen Hadsch" angemeldet waren, heißt es nun, von Mekka Abschied zu nehmen, es ab jetzt in unserem Herzen zu behalten. Und oft, wenn ich die Augen schließe, sehe ich nun die *ka'aba* vor mir, mit all den Menschen, die sie umkreisen. Wie Nachtfalter, die eine Flamme umkreisen, befangen in der nie endenden Suche, die das Menschsein auf dieser Ebene ausmacht.

„Der Sinn von ‚*ka'aba*' ist das Herz der Propheten und Heiligen, welches der Erscheinungsort der Offenbarung Gottes ist. Die sichtbare *ka'aba* ist ein Zweig davon. Wäre nicht das Herz – welchen Nutzen hätte die *ka'aba*? Umkreise die *ka'aba* des Herzens, wenn du ein Herz hast!"[31]

In der Stadt des Propheten

Um 21:00 Uhr werden wir heruntergerufen. Eine letzte Umarmung für Mübeccel, die nun allein und krank in unserem Zimmer mit den sieben Matratzen zurückbleibt. Zwei liebe junge Frauen vom Zimmer gegenüber versprechen mir, sich gut um sie zu kümmern. Der Bus trifft schließlich gegen 22:00 Uhr ein. Um 3:00 Uhr morgens sitzen wir immer noch im stehenden Fahrzeug. Schließlich werden wir wieder in unsere Zimmer geschickt, das auf dem Dach festgezurrte Gepäck wird wieder abgeladen: Die Pässe, die man uns am Anfang des Hadsch fortgenommen hatte, seien von den saudischen Behörden – aus welchen Gründen auch immer – noch nicht wieder freigegeben worden. Die so genannte Nachtruhe und das unerwartete Wiedersehen mit Mübeccel – die uns schon halb in Medina glaubte – dauern jedoch nicht lange. Kurz nach 4:00 Uhr geht alles von vorne los: Wir werden nach unten gerufen, das Gepäck wird hochgehievt und auf dem Dach festgezurrt. Wir steigen ein und sind ziemlich enttäuscht: Der gute, moderne Bus, den wir bis jetzt gewöhnt waren, ist inzwischen anderweitig eingesetzt worden. Nun haben auch wir so ein Gefährt, dem man nicht einmal mehr den Transport ins Stadtzentrum zutraut. Enge Sitze mit Eisengestänge, die sich nicht kippen lassen, zerrissene schartige Plastikpolster.

So haben wir alle eine lange, unbequeme Nacht. Ich habe inzwischen gelernt, mich klein genug zu machen, um auch unter den unmöglichsten Bedingungen ein wenig schlafen zu können. Viele murren, andere besänftigen sie, erinnern an unseren Hadschi-Status. Die Entfernung zwischen Mekka und Medina beträgt ca. 500 Kilometer und gegen 12:00 Uhr mittags fahren wir tatsächlich in Medina ein. Unterwegs gab es mehrmals die obligaten Kontrollen, die wir inzwischen fast ebenso stoisch über uns ergehen lassen wie das immer neue Warten, irgendwo, auf irgendetwas. Aber die allgemeine Erregung, die uns nun alle ergreift, während wir in die Stadt des Propheten (s. a.) hineinfahren, vertreibt die Spuren unserer Übermüdung. Wir blicken in alle Richtungen aus unseren Busfenstern, sehen eine schöne Stadt voller Palmen, mit interessanter, moderner Architektur, vielen Wasserspielen und Springbrunnen. Es herrscht eine ganz andere Atmosphäre als in Mekka, eine gewisse Leichtigkeit, Offenheit. „Klar", sagt jemand, „dies ist ja die Stadt, die unseren Propheten (s. a.) willkommen hieß, während die unbelehrbaren Mekkaner ihn bedrohten. Und die sind ja auch heute noch so, haben nichts dazugelernt!"

Das Logement unserer Organisation liegt in nächster Nähe des heiligen Moscheenkomplexes. Diesmal teilen wir zu neun Frauen ein Zimmer, dafür das Bad nur zu fünfzehnt – Unbequemlichkeiten, die für uns inzwischen stark an Bedeutung verloren haben. Wir machen uns kurz frisch, vollziehen die rituellen Reinigungen, dann geht es hinüber zur Grabstätte des Propheten (s. a.). Es ist eine sehr beeindruckende, weiträumige Anlage. Alles aus einem Marmor errichtet, der so sehr glänzt, dass man schwören würde, er sei nass. Und alles so makellos sauber, trotz der ungeheuren Menschenmassen, dass man glaubt, vom Boden essen zu können. Dieses zweitwichtigste Heiligtum des Islam macht in seiner augenfälligen Pracht der islamischen Welt alle Ehre, bleibt dennoch als eine der für Nicht-Muslime verbotenen Städte im Verborgenen.

Die Frauen erhalten als Erste Zugang zu den Gräbern des Propheten (s.a.) und zweier seiner treuesten Gefährten und späteren Kalifen, Abu Bakr und Umar. Später sind dann die Männer dran. Wir stehen vor dem Grab, vor den Gräbern, an der Stelle, wo sich einmal das Schlafzimmer A'ishas, der späteren Lieblingsfrau des Propheten (s.a.), befand. Schweres grün-goldenes Schmiedeeisen, Jahrhunderte, Leben und Tod trennen uns. Ich bitte darum, von dieser überzeitlichen Präsenz berührt, erfüllt zu werden, so wie es mir im *halvet* mehrere Male geschenkt wurde. Aber in der Menschenmasse ist es viel schwerer, offen und leer genug für diese direkte Berührung zu werden, als es in der Einsamkeit von 40 Tagen ist. Und so geht mir wieder ein alter Leitsatz des Sufitums durch den Sinn: Man muss nicht nur dankbar sein für die Rose und ihre Dornen; man muss auch dankbar sein, wenn überhaupt keine Rose da ist …

12. Tag des Hadsch

Ich habe mir angewöhnt, morgens um 3:30 Uhr aufzustehen, um trotz der begrenzt vorhandenen Badezimmer gegen 4:30 Uhr zum Morgengebet bereit zu sein. Das funktioniert ganz gut, erspart mir Stress und Eile. Um 6:00 Uhr stehen wir alle draußen bereit für unseren Bus, der dann gegen 7:00 eintrifft. Wir fahren zu den Bergen von Uhud, wo die frühen Muslime im Kampf gegen die Mekkaner eine Niederlage erlitten. Die wunderschöne Bergkette erinnert mich an die karstige Schönheit des amerikanischen Südwestens.

Später gehe ich zusammen mit Yusuf, dem es hier in Medina deutlich besser geht, und Rahima wieder zur großen Moschee hinüber, zum Abendgebet. Als wir vor die Tür treten, kommt auf einmal ein ungeheuer starker, plötzlicher Windstoß, hüllt alles in eine heiße, dunkle Wolke feinsten, wirbelnden Wüstensandes. Wir bleiben stehen, können kaum atmen. Keiner von uns hat bislang etwas Ähnliches erlebt. Es ist genauso unvermutet vorüber, wie es begann. Nur eine alles überziehende dünne Schicht von bräunlichem Sand erinnert an den Spuk.

Nach dem Gebet setzen Rahima und ich uns auf den wunderschönen Marmorboden, unsere Rücken an die Moschee des Propheten (s. a.) gelehnt. Wir blicken in die nahen Berge, die die Stadt umschließen, erleben ein wunderbares Naturschauspiel, das sich ganz unerwartet vor unseren Augen vollzieht: Zunächst zeigt der langsam dunkler werdende Himmel die erstaunlichsten Farben, bis hin zu einem fast neonartig leuchtenden, schillernden Türkis. Davor heben sich zunächst fast violett, dann schwarz, die Silhouetten der Berge ab, die auf einmal von Blitzen umzuckt werden. Zugleich kommt, wieder ganz plötzlich, ein extrem heißer Windstoß: der alles durchdringende, umhüllende Atem der Wüste. Er bringt einige Regentropfen mit, die unbekümmert verwehen. Dann erscheinen über den blitzumzuckten Bergen lange, vom Himmel kommende graue Streifen, zart wir Schleier: Regen!

Alles geht unglaublich schnell, das außergewöhnliche, prächtige Schauspiel zieht uns ganz in seinen Bann. „Die Zeichen liegen in der Natur“, heißt es im Heiligen Koran immer wieder, und: „Wir werden euch Unsere Zeichen sehen lassen, an den Horizonten und in euch selbst.“ (Surah 41/53). Rahima und ich sitzen dicht beieinander, voller

Dankbarkeit. Es ist so gut, hier einfach auf dem – jetzt vom Wüstenstaub überzogenen – Marmor Medinas zu verweilen. Dann stößt Yusuf wieder zu uns, wundert sich, dass wir uns nicht länger in der Frauenabteilung mit Gebet und Andacht beschäftigt haben. Aber irgendein Impuls hatte uns direkt anschließend an den Pflichtteil hinausgeführt. Und wir haben das Gefühl, dass die Natur selbst uns – ganz unverhofft – eine Andacht geschenkt hat, die uns weit über das hinaus geführt hat, was uns drinnen, in den prächtigen Säulenhallen, möglich gewesen wäre.

Wir gehen noch ein bisschen durch das abendliche Medina. Obwohl die Pracht um uns herum ein Genuss für das Auge ist, fragen wir uns, was der Prophet (s. a.) selbst wohl von solch einer Grabstätte gehalten hätte. Immerhin: Direkt über seiner letzten Ruhestätte wird die kühle, marmorne Pracht unterbrochen – dort, über dem Allerheiligsten, erhebt sich eine ganz schlichte, kleine grüne Kuppel, in auffallendem Kontrast zu der übrigen Anlage. Daneben ein ebenso aus der Reihe fallendes einfaches kleines Minarett. Beides stammt noch aus der Zeit der Türkenherrschaft, während die restliche Prachtanlage erst aus jüngerer Zeit datiert. So ist wohl allen gedient: der Bescheidenheit des Propheten (s. a.) ebenso wie dem Bedürfnis der Gläubigen, ihn zu ehren. Zu Letzterem sagt Hz. Mevlana: „Gott der Erhabene ist das wahre Objekt, wenn man den Rang der Heiligen erhebt und ihre Gräber und Mausoleen ehrt. Sie selbst bedürfen der Ehrung nicht, denn sie sind schon an sich geehrt. Wenn eine Lampe hochgestellt werden möchte, dann wegen der anderen, nicht um ihrer selbst willen. Was kümmert's die Lampe, ob sie hoch oder niedrig ist? Wo immer sie ist, bleibt sie eine Lampe, die Licht spendet – es sei denn, sie will, dass ihr Licht andere erreiche. Die Sonne, die oben am Himmel ist – wenn sie unten wäre, wäre es noch dieselbe Sonne, nur würde die Welt dann finster bleiben. So ist die Sonne nicht um ihrer selbst willen hoch, sondern um anderer willen. [...] [Die Heiligen] sind die ewigen Sonnen. Wenn sie Rang und Erhöhung in dieser Welt suchen, so ist ihr Ziel, die Weltmenschen einzufangen, die ihre wahre Höhe nicht sehen können, damit diese durch ihre Höhe ihren Weg finden.“[32]

„Er hat Liebe und Zärtlichkeit zwischen euch gelegt …"

Langsam wird es Nacht und wir sehen dieselben Szenen, die wir aus Mekka schon kennen: Überall auf dem nackten Boden, sei es schimmernder Marmor oder umgebender Asphalt, legen sich die Pilger zum Schlafen nieder, ihre wenige Habe zum Bündel zusammengerollt als Kopfkissen nutzend oder einfach neben sich legend. Neben diesen Ärmsten der Armen nehmen sich unsere Logements wie wahre Luxusunterkünfte aus. Selbst hier, an den heiligen Stätten, sind wir wieder eine Klassengesellschaft. Schon auf dem Hinflug hatte mich gewundert, dass es in unserem Hadsch-Charterflugzeug auch Passagiere erster Klasse gab. Für die meisten unserer Mitpilger etwa aus Bangladesch, Pakistan oder Nordafrika mag allein die Anreise die Ersparnisse eines Lebens bedeuten. Denn kein Muslim darf sich verschulden, um die Pilgerfahrt zu vollziehen. Dieser Höhepunkt des spirituellen Lebens darf nicht auf Kosten anderer vollzogen werden. Nur für den Muslim, der gesundheitlich und materiell hierzu in der Lage ist, ist der Hadsch Pflicht. Und in der islamischen Welt ist es oft so, dass jemand, der die Pilgerfahrt endlich finanziell ermöglichen kann, inzwischen jedoch nicht mehr gesund genug dazu ist, dann die Pilgerfahrt eines anderen bezahlt.

Ein Anblick, der mich immer wieder tief berührt und sicherlich auch einmalig in der gesamten islamischen Welt sein dürfte, sind die vielen alten Paare, die in inniger Umarmung umschlungen die Nächte auf dem Boden teilen. Man sieht ihnen an, dass sie eins geworden sind in dem langen Leben geteilter Freuden und Entbehrungen, das nun hinter ihnen liegt und jetzt kulminiert in der gemeinsamen Reise zum „Haus Gottes". Für manche ist es die letzte gemeinsame Station, wird einer der Partner hier beerdigt werden. Tagsüber sind viele dieser alten Paare Hand in Hand unterwegs. Teils ist dies sicherlich praktische Notwendigkeit, um sich in dem unüberschaubaren Gedränge nicht zu verlieren. Dennoch spricht auch eine tiefe Vertrautheit aus der Art und Weise, wie sie hier dicht beieinander durch die heiligen Stätten gehen. Die Geborgenheit, die Mann und Frau einander sein können, im Koran so wunderbar ausgedrückt: „Und unter Seinen Zeichen ist dies, dass Er Gattinnen für euch schuf aus euch selber, auf dass ihr Frieden in ihnen fändet, und Er hat Liebe und Zärtlichkeit zwischen euch gesetzt. Hierin sind wahrlich Zeichen für ein Volk, das nachdenkt. Sie sind euch ein Gewand und ihr seid ihnen ein Gewand." (Surah 30/22; 2/188)

Ich habe alles, was ich brauche – und mehr –, bis auf die liebende Mann-Frau Beziehung, die der Koran so berührend schildert. Und gerade das ist es, was mir, von meinen Kindern abgesehen, auf der Ebene des weltlichen Lebens am meisten bedeuten würde.

Mein Sufi-Meister erzählte mir einmal eine uralte Lehrgeschichte zum Thema der Verluste auf dem Pfad, der Notwendigkeit, alles zu geben, was man hat, die aus westlicher Sicht nicht ohne weiteres zu verstehen ist:

„Es war einmal ein Löwe. Der schloss Freundschaft mit dem Wolf und dem Fuchs. Nicht, dass Er ihre Gesellschaft nötig gehabt hätte, es war reine Güte Seinerseits. Die drei gingen zusammen auf die Jagd. Eines Tages hatten sie einen Ochsen, einen Esel und einen Hasen erlegt. Nachdem eine Weile im Gespräch vergangen war, wandte sich der Löwe dem Wolf zu: ‚Bruder, du bist als fairer und gerechter Freund bekannt. Wie wirst du die Beute unter uns aufteilen?‘ ‚O mein Löwe‘, sagte der Wolf, ‚der Hase erscheint recht für unseren Freund, den Fuchs. Der Esel mag mir entsprechen und der Ochse Seiner Majestät als Mahlzeit dienen.‘ Der Löwe erschlug den Wolf mit einem Prankenschlag. Nun wandte Er sich dem Fuchs zu: ‚Bruder, du bist als fairer und gerechter Freund bekannt. Wie wirst du die Beute unter uns aufteilen?‘ Der Fuchs, der gerade eine starke Lektion erhalten hatte, sagte: ‚O mein Sultan, der Hase scheint gerade recht für Euer Frühstück, der Esel mag Euch als Mittagessen dienen und der Ochse dürfte als Abendmahl recht sein. Und, falls es Eurer Majestät nicht reicht, so ist da ja noch unser Freund, der Wolf.‘ Der Löwe verlieh ihm ein Ehrengewand.“

Was aus westlicher Sicht als erbärmlich oder doch jedenfalls zweifelhaft erscheint – ein opportunistischer Fuchs, der dem despotischen Herrscher „in den Hintern kriecht“ und dafür auch noch belohnt wird, – stellt sich aus Sufi-Perspektive folgendermaßen dar: Wer Gott will, d.h. den Löwen, muss alles geben, kann nicht feilschen, nichts für sich behalten. Der Wolf ging mit berechnender Ratio, mit Logik, an etwas heran, das nur durch absolute Hingabe angegangen werden kann. Indem der Fuchs rückhaltlos alles fortgab, gab er im Endeffekt auch sein eigenes Sein. Und nichts weniger ist möglich auf diesem Weg. Der zeitgenössische Sufi-Autor Güvenc drückt es so aus: „Die Ethik des Derwischtums, die die Essenz der islamischen Mystik ist, macht es für diejenigen, die sich auf diesen Pfad begeben, erforderlich, *ihr Leben hierfür einzusetzen.*“[33]

Das „Sterben vor dem Sterben", mit den Worten Muhammads (s. a.), ist tatsächlich die Essenz dieses Weges: „In Gottes Gegenwart passen keine zwei Ichs. Du sagst Ich und Er sagt Ich – entweder stirbst du vor Ihm oder Er stirbt vor dir, damit keine Zweiheit bleibe. Dass Er stürbe, ist unmöglich im Äußeren wie als Vorstellung; denn *Er ist der Lebendige, der nicht stirbt.* So huldvoll ist Er, dass, wäre es möglich, Er um deinetwillen sterben würde, damit die Zweiheit verschwinde. Nun, da Sein Sterben nicht möglich ist, stirb du, damit Er bei dir aufscheinen möge und die Zweiheit verschwinde!"[34] In Mekka haben wir dieses Prinzip durch das Tieropfer gerade symbolisch nachvollzogen, indem wir das Andenken Ibrahims, Ismails und dessen Mutter Hadschar ehrten, die alle drei mit voller Bewusstheit bereit gewesen waren, das Fortgeben dessen, „was das Liebste ist", dieses „Sterben vor dem Sterben", tatsächlich zu praktizieren. Immer wieder taucht dieses essenzielle Prinzip in den Sufi-Lehrgeschichten auf, in immer neuen Bildern. Das bekannteste ist wohl das des Falters, der die Flamme umkreist, bis er sich selbst darin verzehrt. Ebenso jedoch Vogel, Fledermaus, Gazelle. Viele äußere Formen, eine innere Wahrheit.

Auch in anderen spirituellen Traditionen wird in zahlreichen Metaphern auf die absolute Notwendigkeit des eigenen „Entwerdens" hingewiesen. Wie schwer fällt es mir, das Ende meiner Ehe mit Peer als Teil des „Sterbens vor dem Sterben" zu akzeptieren, zu erkennen, dass Peer lediglich die „Feder" ist, die „schreibt", und nicht die „Hand", die aus dem Verborgenen diese Feder führt. Immer wieder bin ich daran gescheitert, habe sein Verhalten als persönlichen Affront aufgefasst. Er hat mich darauf hingewiesen, hat gesagt, dass ich erst im Zusammensein mit ihm erkenne, dass ich noch lange nicht so weit fortgeschritten sei, wie ich angenommen habe. Und Recht hat er. In den Jahren nach meiner Scheidung, in denen ich allein geblieben war, hatte ich mir tatsächlich eingebildet, die mir im *halvet* geschenkten Erkenntnisse schon weitgehend zu leben. Dabei war ich einfach nicht gefordert worden. Was für eine Ernüchterung.

Die Literatur aller Religionen, die ich überblicken kann, spricht von Schmerz, Traurigkeit, Opfer, Verzicht und Verlusten als integralem Bestandteil der Schulung auf dem spirituellen Pfad.

Man kann sich natürlich fragen, welche Funktion Verlust und Trauer, die in allen mir bekannten Traditionen betont werden, für den spirituellen Weg haben. Im Sufitum werden folgende Erklärungen genannt: „Mevlevis bemühen sich, sich entsprechend der Lehre Hz. Mevlanas zu entwickeln. Sie glauben, dass die Leiden der Liebe auf dem Derwischweg notwendig sind. Sie grüßen einander mit dem Gebet: ‚Möge Allah deine Leiden vergrößern.' Ein bekannter Dichter formulierte es folgendermaßen: ‚Mir geht es gut, voll des Liebesleids. Nimm deine Hand von deiner Medizin, Doktor. Heile mein Leiden nicht, denn mein Sterben ist die Blüte Seines Heilmittels.'"[35]

Said Nursi schreibt: „O du ungeduldiger Leidender! Sei geduldig, ja, sogar dankbar! In dieser deiner Heimsuchung wird jede einzelne Minute zu einer Stunde der Anbetung. Denn es gibt zwei Arten der Anbetung. Die eine ist die positive Art anzubeten, nämlich die bekannte Art des Pflichtgebets und des Bittgebets. Die andere Art ist die negative: Durch Krankheit und Unglück fühlt der vom Leid Betroffene seine Hilflosigkeit und Schwäche, nimmt zu seinem barmherzigen Schöpfer Zuflucht, fleht inständig zu Ihm … gelangt zu einem reinen, ungeheuchelten, innerlichen Gebet. […] Die Plage öffnet plötzlich die Augen. Sie ist ein Mahner, der niemals betrügt, und ein warnender Lehrer. In dieser Hinsicht sollte man sie nicht anklagen, vielmehr ihr dankbar sein und – wenn es einem zu schwer wird – um Geduld bitten."[36]

Eine Passage im Koran fasziniert mich in diesem Zusammenhang seit langem. Es handelt sich um Abrahams Worte zu seinem Vater: „Ich will gewiss für dich um Verzeihung bitten, obwohl ich nicht die Macht habe, bei Allah etwas für dich auszurichten." (Surah 60/5) Also beten, obwohl man weiß, dass es nichts „nützt", d.h. nichts bewirkt, was konkrete, von uns Menschen erhoffte Ergebnisse angeht. Der eigentliche Nutzen liegt auf Ebenen, die wir nicht erkennen können.

Irgendwann im Zuge der Trennung von Peer ist der unmittelbare Schmerz abgeklungen. Dennoch lebe ich in einer Traurigkeit, die ich keinem konkreten äußeren Ereignis zuordnen kann. Vielleicht ist für dieses diffuse Gefühl der alte Ausdruck Melancholie am passendsten.

Diese intensive Melancholie lässt unvermutet die Erinnerung an ein ganz eigentümliches Erleben in mir wieder wach werden: Nur Tage nachdem mein Lehrer mich als Schülerin angenommen hatte, traf mich, aus dem Nichts heraus, das unglaublichste, bedrückendste Gefühl, das ich je erlebt habe. Es kam einfach angeflogen. Es war eine so intensive, abgrundtiefe Traurigkeit, dass mir Worte fehlen, sie zu beschreiben. Zu der betreffenden Zeit bestand jedoch nicht der geringste Anlass zur Traurigkeit. War doch das initiatorische Abkommen mit meinem Lehrer, das gerade erfolgt war, das Wichtigste in meinem Leben … Die Traurigkeit traf mich so unerwartet, war so weit jenseits aller Gefühle, die ich kannte, dass ich sie nicht einordnen konnte. Die Empfindung war so intensiv, dass ich manchmal glaubte, nicht mehr atmen zu können. Sie dauerte fünf oder sechs Tage lang an. Dann war die Melancholie genauso plötzlich und unerklärlich verschwunden, wie sie gekommen war. Ich konnte mir keinen Reim darauf machen, überlegte, ob es sich um eine extreme Form einer klinischen Depression handeln könnte, was ich aufgrund der Gesamtsymptomatik aber nicht für wahrscheinlich hielt. So legte ich alles ad acta, bis ich ein halbes Jahr später meinen Lehrer in San Francisco wiedersah. Ich weiß nicht mehr, wie das Gespräch darauf kam, denn ich hatte dieses merkwürdige Vorkommnis nicht im Geringsten mit dem spirituellen Pfad in Verbindung gebracht. Aber er horchte auf, als ich es erwähnte, ließ mich detailliert berichten. Eine weitere Merkwürdigkeit, die mir während meines Berichts aufging: Obwohl die Erfahrung so intensiv gewesen war, dass ich mich rückblickend fragte, wie ich diese ja eigentlich wenigen Tage überhaupt überstanden hatte, konnte ich schon jetzt keinen inneren Bezug mehr dazu finden. Es war, als ob ich die Erlebnisse eines anderen Menschen schilderte. Dabei ging es um eine der intensivsten Erfahrungen meines gesamten Lebens. Wie war das in Einklang zu bringen?

Mein Lehrer fragte mich: „Soll ich dir etwas sagen, das du nicht gerne hören wirst?“ Was konnte ich schon antworten, außer „Ja“ – war er doch der Lehrer. „Es steht noch viel, viel mehr hiervon bevor.“ Das kam mir ungeheuerlich vor, hatte ich doch schon dieses erste Mal nur knapp überstanden. Wie sollte ich noch mehr davon aushalten? „Du wirst auf dem Pfad gerade das verlieren, das dir das Liebste ist“, meinte mein Lehrer weiter, in mein Entsetzen hinein. „Bereust du es, dich auf diesen Weg begeben zu haben?" „Nein" war alles, was ich sagen konnte, um dann dieses merkwürdige Gespräch so schnell wie möglich unter den Deckmantel des Vergessens zu verdrängen.

Über die folgenden Monate hinweg erlebte ich einzelne Episoden der so schwer beschreibbaren Traurigkeit. Sie dauerten jeweils nicht lange und ich konnte sie einfach hinnehmen. Dann trat eine Phase der Ruhe ein, die mir half, alles irgendwie zu vergessen. Plötzlich aber war es auf einmal wieder soweit: Die Empfindung intensivster Traurigkeit kam wieder „grundlos" über mich, um dann genauso unmotiviert wieder zu verschwinden. Sie war zwar nicht im Mindesten so stark wie bei ihrem ersten Auftreten, dennoch qualitativ ähnlich. Es ist eben alles relativ. Sogar Schmerz, den man glaubt, nicht ertragen zu können, hat noch vielerlei Schattierungen innerhalb des jeweils aktuell und subjektiv unerträglich Scheinenden. Es war meine Verwunderung über meine tiefe Traurigkeit, die keinen äußeren Grund mehr hat, die mich wieder an die „Melancholie" unmittelbar nach dem initiatorischen Abkommen mit meinem Lehrer denken ließ. Wie merkwürdig, dass ich das alles so vollkommen vergessen hatte. Traurigkeit aufgrund von eigenem Verhaftetsein, sicher, das ist auf allen authentischen spirituellen Pfaden bekannt. Aber „grundloses" Traurigsein einer derartigen Intensität? Ich verstand es nicht, las dann jedoch Almaas' autobiographische Beschreibung, fand mich darin wieder:

„Abends verwandelt sich die Traurigkeit in einen viel intensiveren Zustand, der nicht direkt eine Emotion ist. [...] Es ist nicht genau Traurigkeit, nicht genau Schwere, nicht genau Mitgefühl, nicht genau Mitleid, sondern etwas, was diesen vertrauteren Gefühlszuständen ähnelt. Der Zustand entspricht eher einem intensiven und tiefen Kummer. Ich fühle mich nicht direkt bekümmert, ich bin mir eher der Gegenwart von Kummer bewusst. Dennoch ist es unzweifelhaft ein realer, objektiver Kummer, der auf neue Art und Weise alles vereinnahmt."[37] Durch diese und ähnliche Beschreibungen von Menschen auf spirituellen Pfaden fühle ich mich nicht so allein, kann für den Prozess der Veränderung offen bleiben. Auch die Erinnerung daran, dass mein Lehrer mir dies alles ja schließlich vor Jahren schon angekündigt hatte, birgt viel Trost in sich. So wird aus dem qualvollen Erleben zugleich eine Bestätigung, noch auf dem vorgezeigten Weg zu sein.

Anfangs hatte ich meinen Lehrer einmal gefragt, ob der spirituelle Pfad ein Pfad der Einsamkeit sei. Er hatte gelacht: „Nein, ganz im Gegenteil! Aber dir kommt es derzeit so vor, weil du ‚zwischen zwei Stühlen sitzt'. Du hast begonnen, Erfahrungen zu machen, die dich einigen Menschen deines Umfelds entfremden, weil sie nicht nachvollziehen können, was in dir vorgeht. Einige Bekanntschaften werden möglicherweise wegfallen, sich auflösen. Aber dieses Vakuum wird sich mit neuen, deinem jeweiligen Entwicklungszustand entsprechenden Beziehungen füllen. In der Zwischenzeit fühlst du dich einsam, unverstanden. Verstehst du doch selbst noch nicht recht, was in dir geschieht."

13. Tag des Hadsch

Morgens um 3:15 Uhr aufgestanden, dann zum Gebet zur Moschee. Anschließend gibt es eine geführte Wanderung durch die nähere Umgebung. Was für eine Vorstellung, dass der Prophet (s. a.), A'isha, seine anderen Frauen und Gefährten ebenfalls hier entlanggegangen sind, dieselben

Berge betrachtet haben, derselben Wüstenglut ausgesetzt waren.

Dies ist unser letzter Tag in Medina. Er verläuft ruhig, fließend. Wir verrichten alle unsere Gebete im Freien. Da heute Freitag ist, ist der Andrang der Gläubigen so groß, dass selbst diese wahrhaft riesige Moschee die Menschenmassen nicht fassen kann.

Ich muss an eine Gebetserfahrung denken, die mir während meines zweiten *halvet* widerfahren ist. Das Außergewöhnliche meines Erlebens hatte ich damals zunächst gar nicht registriert. Es dauerte Stunden, bis ich die Bruchstücke zusammentragen, etwas einigermaßen Kohärentes daraus rekonstruieren konnte. In Worte zu fassen war es gar nicht. Wenn überhaupt, kann dieser Zustand nur als die absoluteste (dieses Wort gibt es ja gar nicht! dennoch ...) Bedürfnislosigkeit beschrieben werden, die vorstellbar ist. Totales Nichts, dennoch „voll" – alles ist schon da und dennoch ständig im Werden begriffen (oder im Vergehen?). Ich verspürte keinerlei Bedarf für die geringste Handlung, nicht einmal die kleinste Geste. Keine Handbewegung war erforderlich für irgendetwas.

Almaas erläutert die – paradox erscheinende – inhärente Schwierigkeit, sich an derart außergewöhnliche Zustände zu erinnern: „Es gibt bestimmte Arten der Erfahrung von Essenz, in denen es schwierig wird, diese Erfahrung zu beschreiben. Es hängt davon ab, welche Wahrnehmungsbeziehung wir zur Essenz haben. Bei bestimmten Arten der Erfahrung, besonders bei denen, wo kein diskriminierendes Bewusstsein involviert ist, wird die Beschreibung unmöglich, *da keine konzeptuelle Aktivität vor sich geht.* Es gibt keine Beschreibung, da es keine Konzepte gibt, und Konzepte sind für die verbale Kommunikation erforderlich. Einige Aspekte der Essenz haben diese Wirkung auf das gewöhnliche Bewusstsein; einige Aspekte eliminieren das diskriminierende Bewusstsein. Alle diskriminierenden Konzepte werden ausgelöscht.“ [38]

Ich verstand es nicht. Die Ungeheuerlichkeit dieses Erlebens, dem mein Verstand um mehr als einen Tag hinterher hinkte, ließ mein Denken immer wieder aussetzen, um sich dann erneut dem Nicht-Fassbaren zu widmen. In tiefer Meditation tauchte dann ein Begriff dafür auf: *„la ilahe illallah“*, nicht mehr und nicht weniger, also: „Nichts existiert außer dem Göttlichen Sein.“ In besagtem Zustand, würde dieser über Sekunden – relativer! – Bewusstheit hinausgehen, *könnte* nichts mehr existieren. Warum beispielsweise sollte man im Zustand absoluter Bedürfnislosigkeit essen? Oder trinken? Oder auch nur den Arm heben? Oder atmen? Existenz, wie wir sie kennen, könnte gar nicht mehr existieren …

Ich wusste auf einmal, dass dies der tiefste *hal*, d. h. veränderte Bewusstseinszustand, ist, der mir je geschenkt wurde. In seiner Tiefe so andersartig, so weit entfernt von bekannteren Erlebenskategorien, mit nichts zu vergleichen, so dass gerade deshalb das Sich-Erinnern bzw. Sich-Bewusstwerden so schwierig ist. Wie ungeheuerlich, dass eine derartige Erfahrung – gerade deshalb! – fast unbemerkt an einem vorbeigehen kann … Allah ist ja unserer direkten Wahrnehmung durch Schleier über Schleier verborgen. Würde Er/Sie/Es sich ohne Schleier zeigen, würde die Welt vergehen, könnte diese überwältigende Präsenz nicht ertragen werden, heißt es im Islam. Ob meine *halvet*-Erfahrung ein Vorgeschmack davon war? In jedem Fall war sie ein Geschenk, das mein gesamtes weiteres Leben beeinflussen wird. Denn es war die direkteste Erfahrung des *la ilahe illallah*, die ich mir vorstellen kann. (Der Ausdruck „vorstellen“ trifft es nicht. Ich konnte es mir, kann es mir weder vorher noch jetzt „vorstellen", weiß nur noch, „dass es war".)

Das tiefste Erleben in meinem ersten *halvet*[38] hatte mich glauben lassen, die Basis der gesamten Existenz, das Göttliche Sein an sich, sei die reinste Liebe und Barmherzigkeit. Die Liebe, die ich seinerzeit erfahren hatte, ging unermesslich weit über alles hinaus, was auf der Ebene des alltäglichen Lebens als Liebe erfahren werden kann. Dennoch hatte es denselben „Geschmack" wie Liebe. Mein Erleben im zweiten *halvet* hingegen kann mit gar nichts, das ich kenne oder benennen kann, verglichen werden. Falls es ein Hauch der Wahrnehmung des Göttlichen gewesen sein sollte, ist dies verständlich – ist Allah doch „mit nichts zu vergleichen", wie die *Ihlas*-Surah des Korans erläutert. Eben auch nicht mit Liebe, selbst mit einer unermesslichen Liebe nicht.

In der Mitte von Nirgendwo

14. Tag des Hadsch – Abschied von Medina

„Am Abend dieses gesegneten Tages boten wir der Stadt unser Lebewohl. Welch ein ungewöhnlicher Abschied, der den Geist vor Bestürzung in Unruhe versetzt, bis er verwirrt ist, und die Seele in Schmerzen bewegt, sodass sie zerbricht. Was denkst du von einem Platz, wo einer dem Herrn derjenigen Lebewohl flüstern darf, die waren und die kommen werden, dem Siegel der Apostel und Propheten? In der Tat ist es ein Ort, der die Herzen der Menschen bricht und die schwersten und trägsten Gemüter in Ekstase versetzt. Es war nichts außer Wehklagen und Lamentieren zu hören, alle schienen mit der Stimme des Augenblicks zu rezitieren: ‚Meine Liebe fordert, dass ich bleiben soll, doch das Schicksal sendet mich auf den Weg'."

IBN DSCHUBAIR[40]

Um 3:00 Uhr morgens erhalten wir die Anweisung, den Bus zu besteigen. Alle haben so viele Geschenke für die Lieben in der Heimat eingekauft, dass nicht nur die Gepäckräume unter dem Gefährt und das Dach beladen sind, auch der gesamte Passagierbereich inklusive der Notausgänge ist vollgestopft. Derart voll, dass ich beispielsweise keinen Platz für meine Füße auf dem Boden vor mir habe, die Beine unterschlagen muss. Die Abfahrt verzögert sich erneut Stunde um Stunde. Schließlich, gegen 7:00 Uhr, geht's tatsächlich los. Diesmal passieren wir sogar drei langwierige Kontrollen nacheinander, um auch nur Medina verlassen zu können. Über die Lautsprecher werden *ilahis* gespielt, während die Beamten mit stoischen Mienen über die Gepäckberge hinweg steigen, um uns, wie üblich, immer wieder zu zählen und eingehend zu betrachten.

Schließlich sind wir wirklich unterwegs nach Dschidda. Ich beginne mir wegen der vielen Verzögerungen Gedanken zu machen. Unser Gruppenleiter hatte die mir früh erscheinende geplante Abfahrtszeit damit begründet, dass man mindestens 12 Stunden vor Abflug am Flughafen sein müsse, um den Flug auch sicher zu erreichen. Mich an die unbeschreiblich langwierigen Formalitäten bei der Einreise erinnernd, scheint dies plausibel. Und nun waren wir schon mit gut vier Stunden Verspätung gestartet. Falls wir es nicht schaffen – geht es mir durch den Sinn – sitzen wir sicherlich lange in Saudi-Arabien fest, sind doch alle Flüge schon lange Zeit im Voraus ausgebucht. Schließlich wollen jetzt all diese Millionen Menschen auf einmal wieder in ihre Heimatländer zurück. Und dann stehen meine Patienten vor verschlossener Tür, habe ich doch geplant, übergangslos wieder mit der Arbeit zu beginnen. Und ich kann keinem von hier aus absagen und hätte ich doch nur einen Tag Sicherheitsabstand eingeplant und und und …

Ich ärgere mich über meine Besorgnis, bin ziemlich enttäuscht von mir. Dass alles in Allahs Hand liegt, dass alles von Ihm kommt, dass doch alles so ausgeht, wie Er es will, kann ich in den großen, wichtigen Dimensionen des Seins immer öfter tatsächlich so leben. Aber bei solchen relativen Kleinigkeiten scheine ich alles zu vergessen, was ich doch schließlich *weiß*. Denn selbstverständlich gelten die göttlichen Gesetzmäßigkeiten gleichermaßen auf allen Ebenen. „Wie oben, so unten", wie im Großen, so im Kleinen ... „Und nicht ein Blatt fällt nieder, ohne dass Er es weiß", wie es im Koran heißt (Surah 6/60). Wieso habe ich das immer noch nicht begriffen, kann es immer noch nicht leben? Jetzt bin ich, so Gott will, Hadscha und nicht um einen Deut weiser ... Dabei ging es mir doch gerade um diese Dimension, die absolute Hingabe an den göttlichen Willen, *tawakkul*, die die Essenz des Islam ist.

Einige Mitpilger hatten sich erkundigt, ob ich nun, als Hadscha, auch in Deutschland meine Haare bedecken würde, ob ich auf Nagellack verzichten würde etc. Und ich hatte mich gefragt, warum offensichtlich jedem diese äußerlichen Merkmale vorrangig erscheinen.[41] Warum fragt keiner den anderen, wie er vorgehen will, um nun tatsächlich – von seiner Gesinnung her – den Glauben zu leben? Eigentlich ist diese Busfahrt genau wie das Leben selbst, unvorhersehbar. Ständig denken wir, wir müssten weiterkommen, irgendwohin gelangen, irgendwo ankommen. Wo denn? Wir sind ja immer schon da, unser „Vorwärtskommen" ist eine Illusion dieser Ebene, eine Art von Beschäftigungstherapie, bis wir diese Illusion als solche erkennen und damit auch, *insha'allah*, transzendieren können.

Als hätte ich's geahnt! Ich war gerade dabei, etwas einzunicken, als der Motor stoppt! Wir sind in der Mitte von Nirgendwo. Männer unserer Gruppe bemühen sich gemeinsam mit dem Fahrer, den Bus wieder in Gang zu bringen. Nach ca. 45 Minuten springt der Motor an – jetzt fahren wir im Schritttempo weiter! Die Hitze ist erstickend in dem überfüllten Vehikel, denn die Klimaanlage funktioniert nun auch nicht mehr. Nach 20 endlos scheinenden Minuten kommen wir an eine Tankstelle. Eine Stunde später verbreitet sich die gute Nachricht: Der Bus ist repariert! Aber jetzt will der Fahrer erst noch essen, dann zusätzliche Gebete verrichten. Und wieder mache ich mir Sorgen, merke beschämt, wie meine Nervosität ansteigt … Die vieler anderer ebenfalls und so stecken wir uns noch gegenseitig an.

Jedenfalls habe ich einmal mehr Gelegenheit, mein *nafs* in Aktion zu erleben. Eine uralte Methode der *nafs*-Erziehung besteht darin, Schwierigkeiten (frei-)willig zu erdulden. So lautet auch der Gruß der Mevlevi-Derwische untereinander: „Möge Allah Deine Schwierigkeiten weiterhin erhöhen."[42] Darum beginne ich zu beten. Möge Allah mir helfen, indem Er meine Schwierigkeiten erhöhe … Aus therapeutischer Sicht sieht dieses Konzept eher wie eine so genannte paradoxe Intervention aus, ist tatsächlich aber nur scheinbar paradox. Es ist eine Methode, die „spirituellen Muskeln" so zu trainieren, wie ein Hürdenläufer die Körpermuskeln durch allmähliches Erhöhen der Hürden trainiert. Denn jede Schwierigkeit, der man konstruktiv begegnet, stärkt die innere Kraft. Und Schritt für Schritt verbessert sich die Kondition.

Schließlich erklimmen wir wieder den Bus und weiter geht's. Die Klimaanlage funktioniert allerdings weiterhin nicht und die Fenster lassen sich nicht öffnen, sind eingerostet. Knapp eine halbe Stunde später geht der Motor erneut aus. Der Fahrer, mit dem sich keiner von uns verständigen kann, setzt sich diesmal ruhig neben sein Gefährt, tut nichts, als ginge ihn das alles nichts an. Die Männer unserer Gruppe versuchen sich erneut an den Reparaturarbeiten. Die Zeit vergeht. Außer einigen Kamelen, die gelangweilt zusehen, ist weit und breit nichts und niemand in Sicht. Mir war schon früher aufgefallen, dass es an dieser Durchgangsstraße keine Dörfer gibt. Ab und zu eine Tankstelle, eine Art von Raststätte mit Moschee, damit hat es sich. Der Bus glüht inzwischen. Alle sind notgedrungen ausgestiegen. Es gibt auch nirgendwo einen Baum oder Strauch, der Schatten spenden könnte. Der Schatten, den der Bus selbst wirft, ist kaum 20 cm breit, steht doch die Sonne im Zenith. Einige rollen sich auf dem Asphalt unter dem Fahrzeug zusammen, um dem gleißenden Licht zu entkommen.

Irgendwann springt das brave Vehikel doch noch einmal an. Wir stürzen alle hinein und wieder geht es Zentimeter um Zentimeter im Schritttempo weiter. Glück im Unglück: Schon wenig später treffen wir auf eine der seltenen Tankstellen. Nach einer weiteren Stunde heißt es einmal mehr, der Bus sei repariert. Ich habe inzwischen meinen Frieden damit gemacht, dass wir unseren Flug verpassen werden, habe darauf verzichtet, die Stunden der Verspätung zusammenzuzählen, bete darum, jedenfalls von alledem als einer Lektion in Hingabe profitieren zu dürfen, rechne jeden Moment mit dem nächsten Zusammenbruch. Aber der kommt nicht. Und irgendwann am Spätnachmittag tauchen tatsächlich die zeltähnlichen Strukturen des riesigen Pilgerflughafens vor uns auf…

Nur darf unser Bus nirgends Halt machen. Der Fahrer fährt eine Runde um die andere, hält hier an, fragt dort etwas, fährt weiter in Kreisen. Kommunizieren können wir ja nicht, aber es scheint, dass wir durch die massive Verspätung den für uns vorgesehenen Halteplatz verloren haben. Schließlich, an irgendeiner dieser vergeblichen Stationen, treffen wir einen der Führer unserer Organisation wieder, der Arabisch spricht. Er steigt zu und erläutert, dass wir nun weitergeleitet würden zum offiziellen Touristenflughafen von Dschidda. Das wäre noch eine weitere halbe

Stunde Fahrt. Inzwischen hat eigentlich jeder die Hoffnung auf ein Erreichen des Fluges aufgegeben.

So ist sie eben, die Unvorhersehbarkeit des Lebens, denke ich. Im Westen haben wir es so viel leichter, die Illusion der Kontrolle und Bestimmbarkeit aufrechtzuerhalten, da die Züge, Busse etc. meist pünktlich sind. Dennoch resultiert hieraus nur eine höhere statistische Wahrscheinlichkeit, dass man seine Pläne auch ausführen kann – die im Einzelfall keinerlei Bedeutung hat. Somit wiegt man sich ständig in einer gewissen illusorischen Sicherheit. In Ländern wie diesem mag es leichter sein zu erkennen, dass „alles von Allah ist", geht es mir durch den Kopf.

Schließlich sind wir tatsächlich da, steigen aus, kümmern uns um die Berge von Gepäck. Dann kommt die große Überraschung: ein festes Gebäude, elegant, mit Klimaanlage, Duty-Free-Shops etc., wie irgendein Flughafen irgendwo auf der Welt! Eine weitere Überraschung: Das Einchecken dauert kaum eine Stunde, ebenfalls durchaus vergleichbar mit vielen anderen Ländern. Die Beamten sind relativ freundlich und arbeiten effizient, kein Vergleich mit der groben Unhöflichkeit und willkürlich anmutenden Machtausübung, der wir bei der Einreise ausgesetzt gewesen waren.[43] Und – die größte Überraschung: Nun sind wir auf einmal viel zu früh! Kurz nach 19:00 Uhr, knapp 17 Stunden nach unserem Aufbruch in Medina, sind wir jetzt tatsächlich komplett eingecheckt und warten (auf Stühlen!) auf den für 1:15 Uhr geplanten Abflug. Immer wieder nehmen Allahs Wege überraschende Wendungen. Und immer wieder zeigt sich unser Mangel an Vertrauen. Nicht dem Vertrauen, dass die Dinge – wie in diesem Fall – doch noch „gut" ausgehen. Nein, Vertrauen darauf, dass sie genau so ausgehen, wie sie eben ausgehen sollen.

Der Flug verläuft ruhig, ereignislos, mit einem kurzen Zwischenstopp in Rom. Meine Gedanken gehen zurück zur Zeit des Abflugs (vor wieviel Ewigkeiten?). Mir fallen die eindringlichen Worte Ali Schariatis ein, die ich vor Beginn des Hadsch gelesen hatte: „Hadsch ist Vorsatz, Absicht, Bewegung und Bewegungsrichtung zugleich. Alles beginnt damit, dass du dich von dir, von deinem Alltag und von deinen Bindungen befreist. Hadsch ist die Absage an den Stillstand. Ein Leben, das zum Selbstzweck wird, ist dem Tode gleich, einer Art atmendem Tod, lebendigem Tod, dem toten Leben, dem Vegetieren im Sumpf des Daseins. Hadsch ist der Ruf nach dem Aufbruch. Erhebe dich [...] und brich zu neuen Ufern auf! Ziehe durch die sonnige Wüste der Halbinsel, durch die glühende Sandwüste unter einem Himmel, von dem Offenbarungen herabkommen. Wende dein Gesicht Gott zu, spiele dein Klagelied wie eine Schilfrohrflöte, ausgedörrt, verblasst und hohl; beklage die Trennung, die Verbannung und die Fremde. Komme zu dir und stimme dein Klagelied an!“[44]

Verwandelt zurück in den Alltag

„Meinen die Menschen, sie würden in Ruhe gelassen werden, wenn sie bloß sagen: ‚Wir glauben', und sie würden nicht auf die Probe gestellt?" SURAH 29/3

Mit dem Hadsch beginnt ein neues Leben, heißt es. Der in der islamischen Welt als große Ehre verstandene Status des Hadschi geht auch mit einer gewissen Verantwortung einher: Eine einwandfreiere Lebensweise wird erwartet, fast ein Modellverhalten für die Geschwister des Glaubens. Diese Bürde erscheint vielen Muslimen als so schwer, dass sie ihre Pilgerfahrt bis gegen Ende der von ihnen angenommenen eigenen Lebenserwartung aufschieben. Vielleicht ist es kurz vor dem Tode leichter, sich „mustergültig" zu verhalten. Auch Mübeccel und ich hatten ja gar nicht vorgehabt, Hadschas zu werden – aus anderen Gründen zwar –, hatten lediglich eine *umra*[45] machen wollen. Nun hatte das Schicksal es jedoch anders gewollt und wir hatten diesen uralten Ritus vollzogen. Während Mübeccel beschloss, dem neuen Status u. a. durch ein jetzt ständiges Tragen ihres Kopftuches gerecht zu werden, hatte ich den festen Vorsatz gefasst, jede meiner ganz alltäglichen Handlungen immer wieder darauf zu überprüfen, ob sie einer Hadscha gemäß seien, und so, *insha'allah*, allmählich in die jetzt von mir erwartete Rolle hineinzuwachsen. Wie schwer das doch teilweise ist: meine *nafs*, meine Ich-Verhaftetheit zu erziehen, so gut ich kann, irgendwann mit Beyazid Bistami beten zu können: „Ich wünsche, nicht zu wünschen." Ich will mich jeden Tag ganz bewusst bemühen, die Hingabe an das Sein-an-sich zu leben, die die Essenz der islamischen Lebensweise ist. Will versuchen, die Lektionen, die mein Leben mir auf der materiellen Ebene bescherte, auf der spirituellen Ebene zu verstehen und in mein Lernen auf dem „Pfad" zu integrieren. Möge dies das – unsichtbare – Hadscha-Tuch sein, mit dem ich mich ab jetzt im westlichen Leben bedecke.

„Und wenn ihnen Gutes begegnet, sagen sie: ‚Das ist von Allah'; und wenn ihnen Schlimmes begegnet, sagen sie: ‚Das ist von dir.' Sprich: ‚Alles ist von Allah.' Was ist diesem Volk widerfahren, dass sie so weit davon sind, etwas zu begreifen?"

SURAH 4/79

Dank

Mein Dank gilt meinen Meistern und der Sufitradition, die bereit ist, jeden aufzunehmen, der das Wagnis rückhaltloser Hingabe eingehen will.

Auf ganz anderer Ebene möchte ich Judith Mark vom Verlag Herder danken: Durch ihre Betreuung wurde aus einem äußerst komplexen Manuskript ein lesbares Buch.

Anmerkungen

1 Die Erfahrungen dieses ersten *halvet* sind beschrieben in: Michaela Özelsel: 40 Tage, München, 2. Aufl. 1995. Diese Form der Klausur wird direkt auf Muhammad (s. a.) zurückgeführt, der sich zur Meditation in eine Höhle im Berg Hira zurückzuziehen pflegte. Die Sufis aller Jahrhunderte haben sich – teils wiederholt – dieser Übung unterzogen.

2 Khalil Gibran: Der Prophet. Neu übertragen von Ulrich Schaffer, Verlag Herder (Herder Spektrum 5089), 2. Aufl. 2003, S. 16ff.

3 Mina und Muzdalifa sind Stationen auf der Pilgerfahrt nach Mekka. Muzdalifa ist ein Tal zwischen Arafat und Mina. Man verbringt hier die ganze Nacht bis kurz vor Sonnenaufgang, meist auf der bloßen Erde, unter freiem Himmel. Hier werden die Steinchen für die Steinigung gesammelt. Mina ist der Ort der Steinigung und des Ritualopfers, Beginn des „neuen Lebens" der Mekka-Pilger.

4 Ibn Dschubair: Tagebuch eines Mekkapilgers, München 1985, S. 57.

5 S. a.: *„salla Allahu 'alahi wa sallam"*, „Friede und Segen Gottes sei mit ihm". Der Segenswunsch wird traditionell jeder Erwähnung des Propheten hinzugefügt.

6 Vgl. A. van Denffer: Wallfahrt nach Mekka, München, Islamisches Zentrum 1987, S. 78.

7 Vgl. Murad Wilfried Hofmann: Reise nach Mekka, München 1996, S. 33.

8 Das islamische Einheitsbekenntnis.

9 Ibn Dschubair, a. a. O., S. 132.

10 Vgl. M. Özelsel, 40 Tage, a.a.O.

11 Yunus Emre, zitiert nach A. Schimmel: Mystische Dimensionen des Islam, Köln 1985, S. 159.

12 Roches, in: G. Frank: Nach Mekka! Verbotene Reisen in die Heilige Stadt, Bad Honnef 1998.

13 Vgl. Denffer, a.a.O., S. 81f.

14 „Hz." vor dem Namen Mevlanas steht für „hazreti", „der Verehrungswürdige", „der Heilige".

15 Sowohl die alten Schriften verschiedenster Traditionen als auch die zeitgenössische wissenschaftliche Forschung weisen darauf hin, dass die spirituelle Entwicklung über einen einfachen Wandel von Erkenntnissen und Wertvorstellungen hinaus geht. Eine echte Transformation in erweiterte Bewusstseinsebenen hinein ist zugleich immer auch eine biophysiologische Transformation.

Laut alter und neuer Literatur kommt es in diesem Zusammenhang u.a. zu folgenden Symptomen, der sog. „Symptomatologie des Erwachens": spontane Veränderungen der Körperhaltung und der Atemmuster, Gefühle des Juckens, Kribbelns, Zuckens, Pochens und Vibrierens, orgasmische Entladungen – auch ohne vorausgehende sexuelle Erregung –, extreme Hitze- oder Kältewahrnehmungen, „Energie-Ströme", starker Schmerz, vorübergehende Taubheit, Bewusstlosigkeit, Verdauungsstörungen, Wahrnehmung innerer Klang- u. Lichterscheinungen, Verhärtungen des Unterleibs, Druck – teils in Form von „Luftdruck", – der sich durch den Körper bewegt, unübliche Interaktion mit elektrischen Geräten (ESS, d.h. Electricity Sensivity Syndrome), Außer-Körper Erfahrungen. etc.

In jüngster Zeit gibt es in der westlichen wissenschaftlichen Forschung Ergebnisse empirischer Untersuchungen, die diese These stützen, beispielsweise Rings Untersuchungen der Überlebenden von Nah-Tod-Erfahrungen (1992, S. 156). Die Betroffenen berichten über eine Vielzahl von psychophysiologischen Veränderungen, die sich als Folge des klinischen Todes einstellen. Dazu gehören in sich konsistente physiologische Veränderungen, neurologische und hirnzustandsspezifische Veränderungen, ungewöhnliche psychoenergetische, psychologische und parapsychologische Erfahrungen. Diese Veränderungen erreichen meist innerhalb von fünf Jahren ihren Höhepunkt und sind dann permanent. „Hier sprechen wir von – und haben endlich Hinweise für – eine Art von Transformation, die über einen bloßen Wandel von Wertvorstellungen und Sichtweisen hinaus geht. Unsere Daten legen nahe, dass diese Transformation tatsächlich *psycho-physiologisch ist.*“ (K. Ring / C. Rosing: The Omega Project: an empirical study on the NDE-prone personality, Journal of Near Death Studies 8 (1992), p. 237; Hervorhebung im Original).

Almaas (1986) stellt eine gänzlich andere Hypothese dieses von ihm als „Essenz“ bezeichneten Prozesses der „Symptomatologie des Erwachens“ vor. Er geht davon aus, dass besagte Prozesse zwar als physiologische Wahrnehmungen manifest werden, durchaus „Substanz“ haben – aber dennoch nicht in den Bereich des Physischen fallen: „Wenn ‚Essenz‘ keine Einsicht ist, keine Intution, kein emotionaler Zustand, keine subtile Energie, nicht einmal das Nichts, was ist es denn? [...] ‚Essenz‘ ist eine andere Dimension der Existenz als der Körper es ist; es hat eine Substanzialität, die dem des physischen Körpers ähnelt, jedoch in einer anderen Dimension. Tatsächlich wird ‚Essenz‘ *wahrgenommen als eine Art von Substanz, aber auf einer anderen Ebene der Existenz als der der physischen Materie.* ‚Essenz‘ ist kein physiologischer Prozess und keine Ausscheidung des Nervensystems. ‚Essenz‘ ist vom Nervensystem unabhängig. Es transzendiert physiologische Prozesse und kann tatsächlich ohne den physiologischen Organismus existieren.

Wenn ‚Essenz‘ direkt erfahren wird, wird es als eine Art von Substanz wahrgenommen, wie Wasser oder Gold, aber es ist keine physische Substanz, etwa wie physisches Wasser oder Gold. *Es ist sehr schwierig, diesen Aspekt klar zu machen.*

Denn ‚Essenz' wird als Substanz, als materiell, wahrgenommen. Es hat Charakteristika wie Dichte, Viskosität, Textur, Geschmack und so weiter, *und dennoch ist es keine physische Substanz. Es gehört einem anderen Bereich der Existenz an.* Darum wird es als subtil bezeichnet. [...] *Es ist nicht subtil in dem Sinne, in dem ein Gedanke subtil im Vergleich zum Körper ist. Es kann genauso substantiell sein wie der Körper, so dicht wie solides Gold. Es ist diese Wahrheit der ‚Essenz', die Substanzialität, die unerwartet ist.* [...] *‚Essenz' ist kein Geisteszustand, sondern eine tatsächliche, greifbare ontologische Realität.*" (S. 53, 54, 25, 58, 76; Hervorhebungen M. Ö.)

Almaas' Sichtweise entspricht den Erklärungen aus Sufiperspektive: Im Laufe der Schulung auf dem Weg entstehen – analog zu den physiologischen Sinnesorganen – „feinstoffliche" Sinnesorgane, die auf einer anderen Ebene des Seins liegen und somit *nicht* physiologisch sind. Weder die Sichtweise des Sufitums noch Almaas' Hypothesen sind aus westlicher wissenschaftlicher Perspektive akzeptabel. Dennoch ist „Essenz" für diejenigen, die die oben beschriebenen Erfahrungen machen, eine ontologische Realität.

16 Ibn Dschubair, a. a. O., S. 124.

17 Ebd., S. 91.

18 Badya y Leblich, in: Frank, a. a. O., S. 54.

19 Ibn Dschubair, a. a. O., S. 122.

20 Ebd., S. 90, 136.

21 Ebd., S. 137.

22 A. van Denffer: Wallfahrt nach Mekka, a. a. O., S. 88.

23 Zitiert nach Denffer, a. a. O., S. 91. Denffer weiter: „Du wirfst die Steine an der Stelle, wo Ibrahim geworfen hat, wo Ibrahim den Schaitan vertrieben hat, wo der Schaitan im Boden versank ..."

24 T. Bayrak: The Most Beautiful Names, Putney 1985, S. 105.

25 Denffer, a. a. O., S. 90.

[26] Ibn Arabi: Füsus al hikam. Die Weisheit des Propheten, Graz 1986, S. 25.

[27] Ibn Dschubair, a.a.O., S. 60.

[28] Vgl. zur Überlieferung auch Denffer (a.a.O., S. 70, 68): „Muhammad (s.a.) schlichtete den Streit um diesen Stein, als die Quraisch die Ka'aba erneuerten und sich wohl erschlagen hätten, wenn nicht der Prophet, den sie damals ‚el-Amin, der Vertrauenswürdige' nannten, ihnen vorgeschlagen hätte, den Stein auf ein Tuch zu legen, damit ein Stellvertreter jedes Stammes das Tuch mit anheben konnte und sie so gemeinsam den Stein an seinen Platz brachten."

[29] Vgl. Denffer (a.a.O., S. 69f.): „Du küsst den Schwarzen Stein. Geschieht dies nicht aus Freude und Liebe? Hast du nicht in diesem Stein etwas vor dir, das wirklich einzigartig und einmalig auf dieser Erde ist? Diesen Schwarzen Stein gibt es wirklich nur einmal und nur hier, und du kannst auch nur hier vor ihm stehen ... Dieser Stein ging durch die Hände des Propheten Muhammads (s.a.) und die Hände der Propheten vor ihm, Ibrahim und Ismail, und durch die Hände unseres Urvaters Adam, Friede sei auf allen ... Das ist zweifellos der wertvollste Stein auf dieser Erde ... Und du stehst jetzt vor ihm."

[30] Ibn Dschubair, a.a.O., S. 81.

[31] Hz. Mevlana: Von Allem und vom Einen, (Fihi ma Fihi, abgekürzt FmF), München 1988, S. 273.

[32] Ebd., S. 81, 184.

[33] O. Güvenc: The Dervish Path and Mevlana, Vaduz 1981, S. 110. Hervorhebung M. Ö.

[34] Rumi: FmF, a.a.O., S. 80.

[35] Güvenc, a.a.O., S. 118.

[36] S. Nursi: Leuchtende Rechtleitung – Kommentare aus dem Quran, Wetzlar 1990, S. 31f. Hervorhebungen M. Ö.

[37] A. Almaas: Luminous Night's Journey, Berkeley 1995, S. 37.

[38] A. Almaas: Essence, York Beach 1986, S. 78. Hervorhebung M. Ö.

[39] Vgl. Özelsel: 40 Tage, a. a. O., 39. Tag.

[40] Rumi: FmF, a. a. O., S. 150.

[41] Zurück in Deutschland fällt mir ein kleines Büchlein von Samiha Ayverdi in die Hand. Sie zitiert eine der hervorragenden Figuren des zeitgenössischen Islam, Ken'an Rifai Bey (gest. 1950): „Wenn ein Mann, der behauptet, ein spiritueller Führer zu sein, mit anschuldigender Miene auf jemanden zugeht und sogleich zu ihm sagt: ‚Wie kleidest du dich denn? Zieh diese engen Hosen aus! Die müssten weiter sein. Du solltest dich so kleiden, wie es die Menschen zu Zeiten des Propheten taten' etc. [...] Und wenn somit jemand, den es nach spiritueller Erleuchtung dürstet, von der Tür der spirituellen Welt abgewiesen wird, wäre dies nicht ein Verrat am Geist des Islam? Warum sagt er: ‚Kleide dich wie zu Zeiten des Propheten!' statt: ‚Lebe entsprechend der Ethik des Propheten!' Benehmen und Verhalten sollten nicht anhand von Kleidung, sondern vom Glauben gemessen werden. [...] Der Prophet wurde gesandt, um zu vervollkommnen und gute Ethik zu lehren. Nicht, um Ordnung in die Kleidung der Menschen zu bringen. [...] Der Prophet sagte: ‚In-Allahe-la yenzuru suverukum' – Gott schaut nicht auf eure Gesichter und Erscheinungsbilder. Somit ist die Hauptsache, dass wir unsere Herzen ausrichten. [...] Deine Aufgabe ist nicht, Menschen abzuschrecken, sondern sie näher zu bringen. Bemühe dich, zu sein wie der Prophet Salomon, der die Sprache eines jeden Vogels kannte." (Samira Ayverdi: he Friend, Collected Works 23, Kubbealti Nesriyati, Istanbul 1995, S. 87f.)

[42] Der Mevlevi-Derwischorden ist benannt nach Hz. Mevlana Dschalaladdin Rumi (1207–1273), der seine Dichtungen größtenteils während des mystischen Reigens, „sema" genannt, verfasste. Sein Sohn, Sultan Valad (gest. 1312) institutionalisierte nach dem Tod seines Vaters den mystischen Reigen, sodass die Mevlevi-Derwische auch als „Tanzende

Derwische" oder „Wirbelnde Derwische" bezeichnet werden.

43 In der islamischen Welt gibt es viele kritische Stimmen bezüglich der Art und Weise, wie die Saudis die heiligen Stätten verwalten. Vgl. etwa Y. Rifa'i: Aufrichtiger guter Rat an unsere Brüder, die Gelehrten von Najd, Kandern 2001, sowie: „Hajj – a ritual or the heart of the Islamic movement" (Summary and recommendations of the International Hajj Seminar London 1982 [1402], London (Open Press) 1983. Kritisiert wird u.a., dass der eigentliche Geist des Hadsch verloren gegangen sei, dass die Pilgerfahrt nach Mekka eine traditionalistische und mechanistische Form angenommen und keinen Einfluss auf den Zusammenhalt der *ummah*, der Gemeinschaft der Muslime, mehr habe. Die Muslime hätten ihre Pflichten gegenüber den Nicht-Muslimen in Vergessenheit geraten lassen: „Wenn alle Nicht-Muslime als ‚Feinde' behandelt werden, wer wird noch willens sein, den Islam zu verbreiten und wer willens, die Botschaft zu empfangen?" (Hajj – a ritual ..., S. 44). Auch der Umstand, dass die islamischen Heiligtümer durch einen einzelnen Staat kontrolliert und verwaltet werden, wird kritisiert: Viele der historischen Monumente und Gebäude seien zerstört oder dem Verfall überlassen worden. Der Heilige Bereich werde zunehmend kommerzialisiert, wobei für Güter und Dienstleistungen geworben werde, die oft in Konflikt mit den Lehren und dem Geist des Islam stünden. Die Pilger würden in Saudi-Arabien schlecht behandelt und hätten nicht die Freiheit zu politischer Diskussion und akademischer Forschung.

44 Ali Schariati: Hadsch. Botschaft der Islamischen Republik Iran, Bonn 1983, S. 13, 15.

45 *umra:* der Besuch des Hauses Allahs in Mekka. Im Gegensatz zum Hadsch, der an bestimmte Tage im Jahr gebunden ist, kann *umra* zu jeder beliebigen Jahreszeit verrichtet werden, auch im Zusammenhang mit dem Hadsch.

Literatur

Abraham, A.; McKenna, T.; Sheldrake, R.: Trialogues at the Edge of the West, Santa Fé 1992

Achterberg, J.: Imagery in Healing, Shamanism and Modern Medicine, Boston 1985

Almaas, A.: Essence, York Beach 1986

Almaas, A.: Essentielles Sein, Freiamt 2000

Almaas, A.: Luminous Night's Journey, Berkeley 1995

Al Sulami: The Book of Sufi Chivalry, Futuwwah, Lessons to a Son of the Moment, Rochester 1983

Arberry, A. J.: Mystical Poems of Rumi I, Chicago 1968

Ayverdi, Samiha; he Friend, Collected Works 23, Kubbealti Nesriyati, Istanbul 1995

Bayrak, T.: The Most Beautiful Names, Putney 1985

Chittick, W.: The Sufi Path of Love. The Spiritual Teachings of Rumi, Albany 1983

Denffer, A. van: Wallfahrt nach Mekka, Islamisches Zentrum, München 1987

Frank, G.: Nach Mekka! Verbotene Reisen in die Heilige Stadt, Bad Honnef 1998

Ghayasuddin, M.: Hajj – a Ritual or the Heart of the Islamic Movement (Summary and recommendations of the International Hajj Seminar London 1982 [1402]), London 1983

Güvenc, O.: The Dervish Path and Mevlana, Vaduz 1981

Hilmi, A.: A'mak-i Hayal, Berlin 1985

Holy Qur'an, The Message of the Qur'an, translated by Asad, M., Melksham 1993

Houston, J.: The Search for the Beloved; Journeys in Mythology and Sacred Psychology, New York 1987

Ibn Arabi: Füsus al Hikam, Die Weisheit des Propheten, Graz 1986

Ibn Arabi: El Nucleo del Nucleo, Malaga 1986

Ibn Dschubair: Tagebuch eines Mekkapilgers, München 1985

Nursi, S.: Leuchtende Rechtleitung – Kommentare aus dem Quran; Aus dem Risale-i-Nur Gesamtwerk, Wetzlar 1990

Özelsel, M.: Therapeutische Aspekte des Sufitums – Schamanisches und Islamisches; in: Ethnopsychologische Mitteilungen, Universität Landau, Band 4, Heft 2, 1995

Özelsel, M.: 40 Tage – Erfahrungsbericht einer traditionellen Derwischklausur, München, 2. Aufl. 1995

Quekelberghe, R. van. (Hrsg.): Ethnopsychologische Mitteilungen, Univ. Landau, Bd. 4, Heft 2, 1995

Quran, Der Heilige, Ahmadiyya-Muslim-Bewegung, Frankfurt 1985

Quran, Al-Qur'an Al Kerim und seine ungefähre Bedeutung in deutscher Sprache, hrsg. v. M. Rassoul, Köln 1988

Rifa'i, Y.: Aufrichtiger guter Rat an unsere Brüder die Gelehrten von Najd, Spohr, Kandern 2001

Ring, K./Rosing, C.: The Omega Project: an empirical study of the NDE-prone personality. Journal of Near Death Studies 8, 1992

Rumi: Von Allem und vom Einen, (Fihi ma Fihi, Deutsch von A. Schimmel), München 1988

Rumi: Open Secret – Versions of Rumi, Putney 1984

Schariati, A.: Hadsch, Botschaft der Islamischen Republik Iran, Bonn 1983

Schimmel, A.: Mystische Dimensionen des Islam, Köln 1985

Schimmel, A.: Dein Wille geschehe – Die schönsten islamischen Gebete, Bonndorf 1992

Schimmel, A.: Meine Seele ist eine Frau – Das Weibliche im Islam, München 1995

Shah, O.: Sufism for Today, Paris 1991

Storm, H.: Sieben Pfeile, Augsburg 1990

Tafoya, T.: Ethnotherapeutische Mitteilungen, Landau 1995

Vaughan-Lee, Ll.: The Paradoxes of Love, Inverness 1996

Vialyetname: Le Livre des Amis de Dieu – Les Saints des Derviches Bektshis, Paris 1984

Wade, J.: Changes of Mind – A Holonomic Theory of the Evolution of Consciousness, Albany 1996

Alle Übersetzungen aus dem Englischen, Türkischen, Französischen und Spanischen stammen, falls nicht anders vermerkt, von der Autorin.

Islam – Religion und Politik

Angela Grünert
Himmlische Geschenke
Feste und Feiern im Islam
Band 5348
So vielfältig wie der Islam selbst sind auch seine Feste und Riten. Ein lebendig erzählter Überblick über die Kultur des Feierns im Islam.

Peter Heine
Kulturknigge für Nichtmuslime
Ein Ratgeber für den Alltag
Band 5144
Informationen über Kultur- und Wertvorstellungen. „...gescheit und kurzweilig zugleich" (Der Spiegel).

Fatima Mernissi
Der politische Harem
Mohammed und die Frauen
Band 5280
„Fesselnd, mit großer Sensibilität, einer Mischung aus Zurückhaltung und Kühnheit geschrieben" (Le Figaro).

Fatima Mernissi
Herrscherinnen unter dem Halbmond
Die verdrängte Macht der Frauen im Islam
Band 5478
Fatima Mernissi macht die Sultaninnen für uns wieder lebendig, erzählt farbige und anschauliche Geschichten von Intrigen und politischer Klugheit. Eine faszinierende Lektüre.

Andreas Pflitsch
Mythos Orient
Eine Entdeckungsreise
Band 5408
Orient – damit verbinden sich Träume und Ängste, Sehnsüchte und Vorurteile. Eine Entdeckungsreise durch die Geschichte des „Mythos Orient", die Wissenswertes und Erstaunliches zutage fördert, mit Fehlurteilen aufräumt.